杨澄甫—武汇川—张玉—黄仁良

杨式传统太极拳

推 手 进 阶

黄仁良 著

上海科学技术出版社

杨式传统太极拳 · 推手进阶

图书在版编目(CIP)数据

推手进阶 / 黄仁良著. —上海：上海科学技术出版社，2019.1 (2023.1重印)
(杨式传统太极拳)
ISBN 978-7-5478-4224-9

Ⅰ.①推… Ⅱ.①黄… Ⅲ.①太极拳—推手(武术) Ⅳ.①G852.111.9

中国版本图书馆CIP数据核字(2018)第233452号

杨式传统太极拳 · 推手进阶

黄仁良 著

上海世纪出版(集团)有限公司
上海科学技术出版社 出版、发行
(上海市闵行区号景路159弄A座9F-10F)
邮政编码201101 www.sstp.cn
四川森林印务有限责任公司印刷
开本 787×1092 1/16 印张 7.5 插页 2
字数 90千字
2019年1月第1版 2023年1月第3次印刷
ISBN 978-7-5478-4224-9 / G · 869
定价：48.00元

内容提要

太极推手是太极拳所特有的双人对练形式，遵循沾连粘随原则，太极推手以掤捋挤按之法，实施盘圈打轮，实践拳架的体用认知，锻炼灵敏的知觉功夫。在攻防技击方面，双人推手更具实战性，通过训练获得听劲能力，掌握引进落空和内劲蓄发的技击技术。太极推手以行功走架为根基，更是为太极散手、散打夯实基础。太极推手，进为人所不知，退为人所莫及。

本书详细介绍了杨式传统太极推手的基本形式和动作要领，以及循序渐进的锻炼方法，从太极理论上分析了太极推手如何求懂劲，只有懂劲后才能化劲，才能阶及神明。

前言

杨式传统太极拳是由永年杨露禅所创，历经杨露禅及其子杨班侯、杨健侯，其孙杨少侯、杨澄甫，祖孙三代人的努力，形成了一门独特的武术流派。尤其是杨澄甫先生，堪称杨式传统太极拳的一代宗师。杨式传统太极拳将养生与技击融为一体，以技法为武之用，以养生为文之体，体用俱全、内外兼修。

武汇川是杨澄甫的入室大弟子。作为杨澄甫先生的首徒，武汇川先生长期担任杨澄甫先生"相手"（陪练），跟随杨澄甫先生演练的机会最多。1927年，武汇川先生在上海创办了"汇川太极拳社"，由他校阅的《太极拳谱》成为太极拳理研究的经典之作。

张玉，又名张玺亭，自幼在杨家学习太极拳，后拜师武汇川。作为武汇川先生大弟子，他被列为杨门第五代传人。张玉先生的功夫得自杨门真传，内劲雄厚通透，且松沉柔弹。中华人民共和国成立后，张玉先生被聘为上海市武术协会教练、太极推手比赛总裁判，还在上海市体育宫开设太极拳推手训练班，常年在上海复兴公园免费授拳。

黄仁良，自幼习武，1968年拜张玉门下专心学习太极拳，深得杨式传统太极拳、剑、刀、枪、杆、推手、散手的各项真传，并坚持免费授拳。后由张玉先生推荐，黄仁良先生又跟从上海市武术协会主席顾留馨先生研修太极理论。黄仁良先生现为"上海汇川拳友会"总教练，在世纪公园、金杨文化广场等地常年设点授拳，先后培养学生已有三百余，跟从他学习交流的拳友几逾千人，这些学生活跃在金融、贸易、汽车、医疗、房地产等各个行业，也不乏外国友人。他们在黄仁良先生的无私精神和高超技艺的感召下，也热心于传承和推广杨式传统太极拳。多年来，黄仁良先生笔耕不辍，虽年逾八十，仍然坚持每天花大量精力和时间收集、整理有关杨式传统太极拳的史料，进行理论研究。他曾编著出版了《传统杨式太极拳习练指南》等书，在太极拳界反响热烈。

根据拳友的恳切期望，黄仁良先生将多年练拳心得汇编成“杨式传统太极拳”丛书出版，共分三册，即《行功走架》《推手进阶》《修习心悟》。行功走架、推手懂劲、劲力蓄发是杨式传统太极拳的三项锻炼必修课，这三部书即对照这样的修习进阶顺序进行安排，以充分满足从初学到高阶不同层次练拳者的需求。

《行功走架》介绍的是杨式传统太极拳早期拳架，即108式套路。拳架锻炼也叫走架，本书对照黄仁良先生的拳照，对108式套路的每一个招式进行详细分解说明，以便初学者对照学习。书中还介绍了一些基本功和站桩的要求，分析了走架中常见的一些训练弊病，以及就当今太极拳界在行功走架方面出现的一些似是而非的问题谈些切身体会。初学者可根据学拳的进程，配合阅读《行功走架》一书，全面理解每一个招式的攻防含义。

《推手进阶》一书对“太极推手”进行了系统阐述。推手是太极拳锻炼中特有的双人对练项目，在熟练掌握走架后，习练者便可进入推手训练，其目的是求懂劲，推手是懂劲入门的必由途径。杨式传统太极拳推手要求盘圈松柔，在松柔轻灵中获得知觉，有了灵敏的知觉才能懂劲，知己知彼方为懂劲，懂劲是太极拳进阶的门户。

功是人体的潜能，也称功力或内劲，拳术与功力虽为两种不同的概念，但在武术的攻防技击中必须两者融会贯通。走架，锻炼的是知己功夫；推手，锻炼的是知人功夫。知己知彼，熟练掌握引进落空和内劲蓄发的技术，对传统太极拳的修习尤为重要。走架和推手，两者相辅相成，走架是推手的根基，推手是太极拳的技击应用。王宗岳的《打手歌》云：“掤捋挤按须认真，上下相随人难进，任他巨力来打我，牵动四两拨千斤，引进落空合即出，沾连粘随不丢顶。”因此，读者应该根据自己的习练进程，循环往复不断研读《行功走架》和《推手进阶》这两本书，随着体悟的提高不断提升对太极拳理的心悟。

《修习心悟》一书是黄仁良先生在六十多年习拳和授拳过程中，对杨式传统太极拳拳理的一些心得体会。本书着重阐述了太极拳的阴阳之理、行功走架及推手懂劲中阴阳变化与平衡，辩证分析了练拳者各项生理要求和心理因素的和谐统一，以及各项招式中身体各部位的对立及协调关系。黄仁良先生一再倡导，太极拳锻炼中应该做到理论与实践相结合，理论贯穿实践中，由理论指导实践，打破太极拳锻炼中的某些神秘及玄虚之说，提倡科学练拳。太极拳修习水平的提高贵在心悟。

拳练万遍气自通，熟读经纶理自明。初学者可以按照《行功走架》→《推手进阶》→《修习心悟》的顺序阅读；待走架、推手达到一定的熟练程度，身心有了一定的感悟，便可以打破序列，按自身的体会去重点关注某一部书，或某一个招式的技防分析或哲理阐述，必定获益匪浅。

黄仁良先生鼓励“上海汇川拳友会”的拳友们积极参与杨式传统太极拳的理论研究和资料汇编工作。本套丛书在编撰过程中，得到了众位拳友的悉心帮助，黄仁良先生专门组织热心的拳友成立“黄仁良拳研社”，以便“杨式传统太极拳”丛书能够顺利出版。“拳研社”受黄仁良先生委托开设了“黄仁良太极汇”公众号。参与本套丛书出版工作的主要人员有：出版策划佟鸿力、张勇军、章引等；文字修编章引、邹迎春、陈素云、王亚坤、周蘋、严华、刘立伟、戴云飞等；摄影及编辑毛伟国、刘立伟、陶欧晓阳、董钧、万宝虎等。本书能顺利出版，离不开“上海汇川拳友会”众拳友的大力支持，在此表示衷心感谢！

如书中有不妥之处，敬请指正！在此，真心诚意地向各位读者表示感谢！

黄仁良拳研社
暨“杨式传统太极拳”丛书编辑小组
2018年8月

目录

太极推手的基本形式

推手是杨式传统太极拳双人对练内容之一，是太极拳锻炼中一个重要的组成部分。杨式传统太极推手的基本形式分单推手、定步四正推手、活步四正推手、活步四隅推手（也称大捋）。

武术训练中都有对练内容，唯太极拳推手的对练形式较为特殊，必须遵照规矩盘手走圈，统称为推基本手。推手锻炼最好有固定搭档，且至少每天能推手训练半个小时以上，从单推手练起，然后进入双手定步四正推手，一步一个台阶，由简到繁，由浅入深，由定步变活步，循序渐进地进行锻炼，以求基本推手功夫能练扎实。要先重推后轻推，重推就是在松柔前提下加大力量的掤劲推手；轻推是在不顶、不丢、不匾情况下，为减持力度以松柔掤劲盘圈，注重轻灵圆活。定步推手中也可进一步或退一步，称为进一退一。在应用技击时还可运用插、逼、套、封等动用步法，待定步推手熟练后再学练活步四正和大捋，活步推手是为今后散手训练打基础。

推手盘圈不是光手臂的运动，而是全身内外、上下、前后、左右各部位的运动。若不以攻防技击为目的，仅就各种推手的基本形式进行锻炼，同样也能起到健体强身的效果。

注："太极推手的基本形式"篇的图片，穿着深色上衣者为甲，穿着浅色上衣者为乙。

单　推　手

右平圈逆推法

甲乙二人相对站立，各出右脚于对方裆前，各以右手背腕关节作半圆形放于胸前与对方粘搭；双方手背沾连，此为掤（图1-1）。

图1-1　右平圈逆推法(1)

图1-2　右平圈逆推法(2)

甲略右转后坐，并以右手内旋向右为捋；手心向前，继右脚前弓，并以右手掌向前推为按(图1-2)。

乙在甲弓腿向前推按时即后坐于左脚，右手臂向左后掤劲不丢，手心向后。乙向右转腰，并以右手内旋向右为捋，手心向前(图1-3)。

乙继右脚前弓，并以右手掌向前推为按；甲在乙弓腿向前推

图1-3　右平圈逆推法(3)

图1-4　右平圈逆推法(4)

按时即后坐于左脚，右手臂向左后掤劲不丢，手心向后(图1-4)。

甲向右转腰，并以右手内旋向右为捋；手心向前，继右脚前弓，并以右手掌向前推为按(图1-5)。

如此往复循环，沾粘连随，不顶不丢，连绵不绝。双方都右脚在前，以右手自右向前往左，再自左向后往右盘平圈，此为单手推顺圈以按进掤退，而右手所走的路线是逆时针。

图1-5　右平圈逆推法(5)

右平圈顺推法

甲乙双方同样右脚在前，都以右手背腕关节弧形向胸前粘搭，此为掤。

甲弓腿以右手背腕关节向前为掤；乙略左转后坐，手掌按粘住甲前掤之劲(图1-6)。

图1-6　右平圈顺推法(1)

甲继右手内旋向右为捋；乙随甲右捋时以右手外旋向左变掤(图1-7)。

乙弓腿向前，并以右手背腕关节由左向前为掤；甲略左转后坐，手掌按粘住乙前掤之劲(图1-8)。

乙继右手内旋向右为捋；甲随乙右捋时以右手外旋向左变掤。

图1-7　右平圈顺推法(2)

图1-8　右平圈顺推法(3)

图1-9　右平圈顺推法(4)

甲弓腿向前,并以右手背腕关节由左向前为掤;乙略左转后坐,手掌按粘住甲前掤之劲。甲继右手内旋向右为捋,乙随甲右捋时以右手外旋向左变掤(图1-9)。

如此往复循环,沾粘连随,不顶不丢,连绵不绝。双方都右脚在前,以右手自左向前往右,再自左向右往后盘平圈,此为单手推逆圈以掤进按退,而右手所走的路线是顺时针。

左平圈顺推法

甲乙双方各自左脚在前,并都以左手背腕关节作半圆形向胸前粘搭,此为掤(图1-10)。

甲略左转后坐,并以左手内旋向左为捋;手心向前,继左脚前弓,并以左手掌向前推去为按;乙在甲弓腿向前推按时即后坐于右脚,左手臂向后掤劲不丢,手心向后(图1-11)。

乙向左转腰,并以左手内旋向左为捋;手心向前,继左脚前弓,并以左掌向前推为按;甲在乙弓腿向前推按时即后坐于右脚,左手臂向左后掤劲不丢,手心向后(图1-12)。

甲即左转后坐,并以左手内旋向左为捋;手心向前,继左腿前弓,并以左手掌向前推为按。

图1-10　左平圈顺推法(1)

图1-11　左平圈顺推法(2)

图1-12　左平圈顺推法(3)

如此往复循环，沾粘连随，不顶不丢，连绵不绝。双方都左脚在前以左手自左向前往右，再自右向后往左盘平圈，此为单手推顺圈以按进掤退，而左手所走的路线也是顺时针。

左平圈逆推法

甲乙双方同样左脚在前以左手背腕关节粘搭，甲以左手背腕关节向右往前弓腿前进为掤，继左手内旋向左为捋；乙略右转后坐以左手掌按粘住甲前掤之劲，并随甲左捋时以左手外旋向右变掤。乙弓腿向前以左手背腕关节由右向前为掤，继左手内旋向左为捋；甲略右转后坐以左手掌按粘住乙前掤之劲，并随乙左捋时以左手外旋向右变掤。甲弓腿向前以左手背腕关节由右向前为掤，继左手内旋向左为捋；乙略右转后坐以左手掌按粘甲前掤之劲，并随甲左捋时以左手外旋向右变掤。如此往复循环，沾粘连随，不顶不丢，连绵不绝。双方都左脚在前以左手向右往前，再由右向左往后所盘的平圈，此为单手推逆圈以掤进按退，而左手所走的路线也是逆时针。

以上是四种单推手的平圈推法，除了练好平圈单推手，还须练立圈单推手，同样分为右立圈上弧、右立圈下弧、左立圈上弧、左立圈下弧4种推法。无论是平圈还是立圈，推手就是盘圈，在圆圈中走化，在圆圈中击打，盘圈就是推手的基本功。走架与推手同样是划圆圈，圆圈就是太极，无论走架还是推手都首先要学会划圆圈，圆圈有各式各样大小不等的形状，故称太极拳为乱环术法。太极呈一圆球体，不单有平圆，还有立圆、斜圆、椭圆等，形态各异，圆中有阴有阳，有虚有实，不断变化，又不断平衡。走架要注意自身内外上下各部位的阴阳虚实互变，推手除了自身不断地变化外，还须配合与对手的阴阳虚实的互变，即你阴我阳，你实我虚，你退我进，你直我横。练平圈单推手中就好比是在画太极图，半个圈为阳，半个圈为阴，前进为阳，后退为阴，这是推手阴阳虚实互变的拳理。平圈单推手在划圆圈的过程中，手掌随之而变的掤、捋、按的手法，前进、后退的步法，随腰转而左右顾盼的眼法，立身中正、下盘平稳的身法，这都属于推手中的拳法。无论是单推手还是定步和活步双推手，凡是推手锻炼都要讲究盘圈，太极拳的理法贯穿于盘圈之中，盘圈就是太极拳的基本推手。

定步四正推手

四正手的盘圈是采用掤、捋、挤、按四手，甲乙双方相对而立，各出右脚插于对方裆前；以右手背腕关节由左弧形向前上与对方右手腕关节粘搭为掤，左手掌随同粘接在对方肘关节处为捋，此为搭手式（图2-1）。

甲右脚前弓略向右转为右手掤左手捋，右手内旋手掌向前变为双手按；乙略左转后坐，右手臂向左掤劲不丢，左手即由右手臂内侧接出变为挤。

乙右脚前弓并以左手臂向前为掤，右手掌即由下弧形向右上粘接在乙左手肘关节处为捋，左手内旋手掌向前变为双手按（图2-2）；甲略向右转后坐左手臂向右掤劲不丢，右手即由左手臂内侧接出变为挤（图2-3）。

甲右脚前弓并以右手臂向前为掤，左手掌由下弧形向左上粘接对方肘关节处为捋，右手内旋手掌向前变为双手按；乙略

图2-1　定步四正推手(1)

图2-2　定步四正推手(2)

向左转后坐右手臂向左掤劲不丢，左手即由右手臂内侧接出变为挤(图2-4)。

双方都以掤、捋、挤、按四法盘圈，此为定步四正推手，即甲捋乙掤，甲按乙挤，乙捋甲掤，乙按甲挤。如此往复循环，沾粘连随，不顶不丢，连绵不断。甲乙二人均右脚在前以右手向前搭接，然后甲方以右手向左前往右，再由右向后往左为顺圈，所走

图2-3　定步四正推手(3)

图2-4　定步四正推手(4)

路线也是顺时针。而乙方是以左手向右前往左，再由左向后往右为逆圈，所走路线是逆时针。

甲顺圈、乙逆圈盘熟后，还须调手换圈为乙顺圈、甲逆圈互推。甲乙双方同样是右脚前，以两手与对方粘搭。

乙略右转前弓以右手粘住甲右手腕关节，左手粘住甲右手肘关节处向左为捋(图2-5)；甲略左转后坐，以左手粘搭乙右手肘关节处，右手臂略向左掤劲不丢。甲即以左手由右手臂内

图2-5　调手换圈(1)

图2-6　调手换圈(2)

侧接出为挤；乙略右转后坐，右手内旋变按(图2-6)。

甲继略右转前弓左手粘住乙左手腕关节，右手向右上粘搭乙左肘关节处向前往左为捋；乙继以右手粘搭在甲右肘关节处，左手臂略向右掤劲不丢。乙即以右手由左手臂内侧接出为挤；甲略右转后坐，右手内旋变按(图2-7)。

乙继略左转前弓左手粘住甲左手腕关节，右手向右上粘搭甲右肘关节处向前往右为捋(图2-8)；甲略左转后坐，以左手

图2-7 调手换圈(3)

图2-8 调手换圈(4)

粘搭乙右肘关节处,右手臂略向左掤劲不丢。

如此往复循环,沾粘连随,不顶不丢,连绵不断。甲乙二人均右脚在前,以右手搭接,乙方以右手向左前往右,再由右向后往左为顺圈,所走路线也是顺时针。甲方是以左手向右前往左,再由左向后往右为逆圈,所走路线也是逆时针。甲顺乙逆,乙顺甲逆,便是双人推手中的阴阳虚实之理。

推手盘圈较熟练后就不必重新搭手换圈，可以在圈中互换，顺圈可以换成逆圈，逆圈也可以换成顺圈，一般在先捋后按时主动调手换圈。例如乙原以逆圈推欲调换顺圈推，当甲以左手向右为掤，右手由左手臂内侧接出欲变挤，乙在甲挤劲将出未出之时，即以左手粘住甲右肘关节，右手粘住甲右手背腕关节顺势向右先捋继向前变按；甲必以右手向右后走化，继以左手由右手臂内侧向外接出为挤。甲由原先右手接出变挤的顺圈推，即变为由左手接出的逆圈推；乙由原先左手接出的逆圈推，而变为由右手接出的顺圈推。对于左右两脚的调换同样不必重新搭手换脚，也可以在盘圈中调换，定步四正推手中有进一退一，如甲要进一步，乙必退一步，称为换脚。盘圈中换脚应是上下配合，手进身进脚也进，手退身退脚也退，初学推手时必须按部就班，要进要退可以在手臂上传递信息让对方感知，待推手熟练后就可进退自如。

活步四正推手

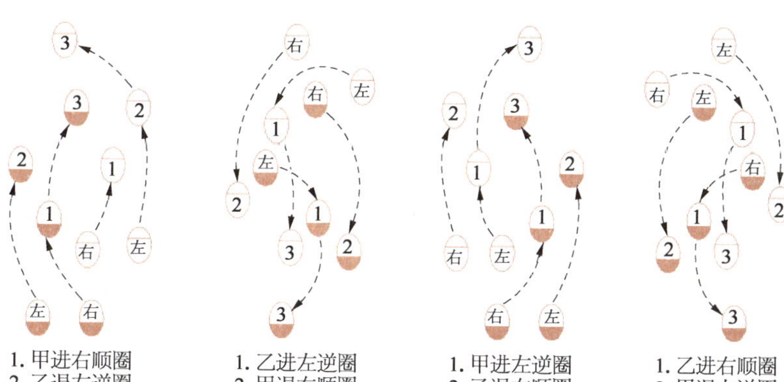

活步四正推手法示意图（甲为黑圈，乙为白圈）

甲乙双方相对而站，各出右脚于对方裆前。乙以右手背腕关节从左弧形向前与对方右手腕关节粘搭为掤，左手粘接对方右肘关节处为捋。甲提右脚向左前至乙右脚外侧，继左脚向左前进步，右手粘住乙右手腕关节向左前为掤，左手粘住乙右肘关节处向右前为捋（图3-1）；乙先右脚向后退步，随之左脚向右脚后退步，右手向右后掤劲不丢，左手粘住甲右肘关节处向右后为捋。

甲再进右脚并向乙裆下插入，右手略向左为掤，左手向右由左手臂内侧接出为挤；乙右脚向右后退步后坐，两手由掤捋之势变为按（图3-2）。

乙随之提收左脚以化解甲右脚之插逼，并向右前迈进，继右脚再向前进步，左手粘住甲右手腕关节向右前为掤，右手粘住甲左肘关节处向左前为捋；甲左脚向右后退步，随之右脚向左脚后退步，右手向左后掤劲不丢，左手粘住乙右肘关节处向右后为捋。

乙再进左脚并向甲裆下插入，左手略向右为掤，右手向左由左手臂内侧接出为挤（图3-3）；甲左脚向左后退步后坐，两手由掤捋之势变为按（图3-4）。

甲随之提收右脚以化解乙左脚之插逼，并向左前迈进，继

图3-1　活步四正推手（1）

图3-2　活步四正推手(2)

图3-3　活步四正推手(3)

左脚向前进步，右手粘住乙右手腕关节向左前为掤，左手粘住乙右肘关节处向左前为捋；乙右脚向左后退步，随之左脚向右脚后退步，右手向右后掤劲不丢，左手粘住甲右肘关节处向右后为捋。

如此往复循环，沾粘连随，不顶不丢，一进一退，连绵不断。以上甲进右脚由左向前往右，再由右向后往左，进三步退三步，所走步法为顺时针路线，而两手所盘之圈为逆时针。乙进左脚

图3-4 活步四正推手(4)

由右向前往左，再由左向后往右，进三步退三步，所走步法为逆时针路线，而两手所盘之圈为顺时针。太极拳动作都应走圆圈，所以活步四正推手不仅手上掤捋挤按的盘圈不丢，步法上也应有右圈和左圈之分，甲乙二人一进一退时位置是一前一后、一左一右斜向交错，而不是正面相对直来直去。

单一步法较熟练后，就须改换步法练习，可以由右圈改走左圈，或由逆圈改走顺圈，即为进四步退三步或退四步进三步。例如甲原先走的是顺时针圈，欲改走逆时针圈，则在右脚向左前进后再连进三步，原第三步右脚向右前插裆改为直行，前进时两手掤捋盘圈不变；乙向左后直退四步，并与甲进四相适应。乙提收右脚并向左前迈进，继左脚向左前进步，右脚向右前并向甲裆下插入，步法已由逆时针变为顺时针走圈，两手也由原顺时针改为逆时针圈。甲提收右脚并向左后退步，继左脚后退，右脚向右后退步后坐，步法已由顺时针变为逆时针走圈，两手同时也由原逆时针改变为顺时针圈。活步推手为弥补定步推手的不足，盘圈时必须做到全身上下协调，手法的掤捋按挤，步法的前进和后退，眼法的左顾右盼以及身法的中定都应配合一致，避免有手快脚慢或脚到手未到的现象。同时还应注意虚领顶劲、气沉丹田、沉肩坠肘、松腰落胯、立身中正这些技术要领。走圈中能化能发的关键在于中定，走活步时所难者中土不离位。对初学者来说活步推手的三进三退，换圈时的进四退三或退四进三就是基本步法，基本手法与步法也就是规矩，要懂规矩，守规矩，熟规矩，然后才能丢规矩而合规矩。活步推手到熟练阶段就不再拘泥于进退的步数，根据需要可自由进退或随时换步调圈，也可前脚进后脚跟进或后脚退前脚收，进退收放或插逼套封则自由随意。

大捋四隅推手

杨氏家传拳谱《太极四隅解》云："四正，即四方也，所谓掤、捋、挤、按也。初不知方能始圆，方圆复始之理无已，焉能出隅之手矣。""缘人外之肢体，内之神气，勿缉轻灵、方圆、四正之功，始出轻重浮沉之病，则有隅矣。""譬如半重偏重，滞而不正，自然为采、挒、肘、靠之隅手，或双重填实，亦出隅手也。病多之手，不得已以隅手扶之，而归圆中方正之手。虽然至底者，肘、靠亦及此，以补其所以云尔。夫日后功夫能致上乘者，亦须获采、挒而仍归人中至正矣。是四隅之所用者，因失体而补缺云云。"

甲面向南，乙面向北双方相对而站，各出右手以手背腕关节相互粘接（图4-1）。

甲右脚向左前东南斜方迈进，继左脚向前进步，右手向左前为掤，手腕略下沉变用肘劲；乙右脚向后退步，继左脚收回以脚跟外摆向西南斜方退步，右手向右后先捋后采，左手随之粘搭

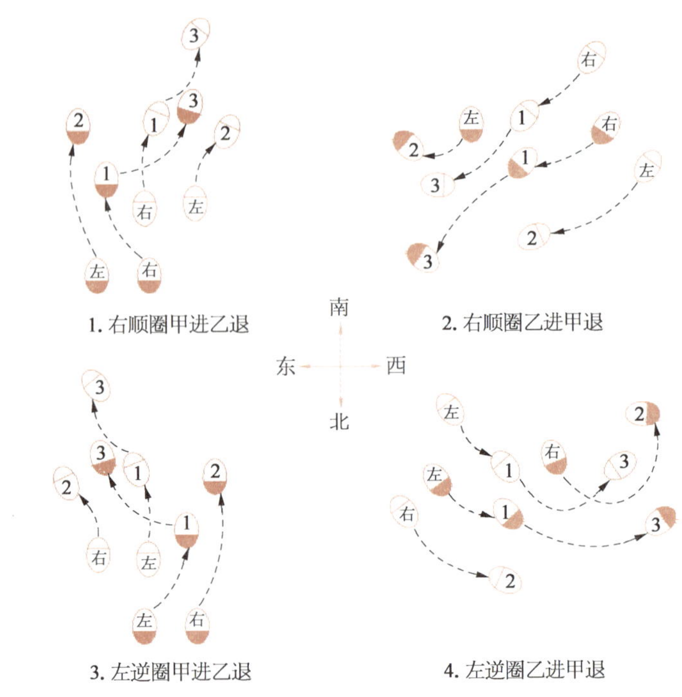

大捋四隅推手步法示意图（甲为黑圈，乙为白圈）

图4－1　大捋四隅推手（1）

图4-2　大捋四隅推手(2)

于甲右肘关节处为捋并化解其肘劲。甲右脚向右前西南斜方进步,并弓腿向乙裆下插入,左手抚于右上臂内侧,右肘下垂以右肩向乙胸前靠击,并以右手背向右上闪击;乙右脚收回向右横出成骑马步,左手臂向右前为掤以化解甲之靠劲,随之右手由右弧形向前上按住甲闪击之手(图4-2)。乙右脚向左前东北斜方迈进,继左脚向前进。

太极推手的核心要义

走架与推手的关系

走架为体，推手为用

有人说："练太极拳不练推手，等于不练拳。"这句话只是针对拳术锻炼者而言，而非太极拳拳操活动锻炼者。对于练拳者来说，练不练推手是要根据各人的需求、身体及年龄条件来决定的。有些拳友特别是老年人及体弱多病者，单纯为了修身养性和健体祛病，不练推手也无关紧要，目前在全国范围内推广和普及的拳操类活动本身就具有较好的强身健体作用。而就单纯走架来说，除了具有攻防技击作用外，其运动本身就具备健体强身和祛病延年的功效，一些练拳者通过长期走架运动，既舒通了气血，又活络了筋骨，祛除疾病而获得了健康。

对于注重武术技击功能的锻炼者来说，推手就是太极拳的必修课。推手训练有助于进一步提高锻炼者对太极拳武事方面的认知，提升技艺水平，还能训练攻防技击和灵敏的知觉功夫。走架属于太极拳单练方式，锻炼目的是获得知己功夫；推手属于太极拳对练方式，锻炼目的是要获得知人功夫，从兵法角度讲，即所谓的"知己知彼，百战不殆"。走架虽是单人独自锻炼，但锻炼时必须假想有一无形的对手似在与之搏击，对照拳架套路的一招一式，在自己的意念引导下一防一攻，一化一打，达到所谓的"面前无人若有人"的境界。推手虽明明是双人对峙，但必须放弃自己的主观能动性，应跟从对方的运动而运动，不能单凭自己的主观意念而运动，即所谓的"舍己从人"，达到所谓的"明是两人犹如一人"的境界。走架犹如推手，推手犹如走架，走架中的一切要领和要求同样适合推手锻炼，虽然在训练的形式和方法上有所不同，其训练的目标是一致的。

走架是太极拳套路的单独演练方式，走架时的一举一动都必须遵循一定的拳理和拳法，也称为拳意。拳理指阴阳虚实、动静开合之理；拳法指八门五步十三势，八门即掤、捋、挤、按、采、挒、肘、靠八大手法，五步包括前进后退的步法、左顾右盼的眼法和立身中定的身法，有理有法这就是太极拳走架的用意。无论拳架套路的动作有多少反复转折，拳架招式如何千变万化，总离不开全身阴阳虚实和动静开合的互变，以及八门五步十三势拳法。走架时全身应保持松柔圆活，动作连绵不断，用意不用力，无过不及。要松柔不要僵硬，有了松柔才能有圆活，松不是散漫，柔不是疲软。动作连绵不断犹如行云流水，才能运劲如抽丝。“用意不用力”，就是在练拳时动作保持自然和自在，不可刻意用力，所有动作应由意念带动，始有意动，继有气动，再有腰动，然后才是四肢动。太极拳锻炼用的是先天自然之力，就如婴儿举手抬腿之力，使用的不是强力、拙笨之力、僵硬之劲，而是松柔富有弹性之劲。“无过不及”，即一切动作不能太过分，但也不能不到位，恰到好处，适可而止，遵循儒家中庸之道。

走架如推手，推手似走架，走架时脑海里要有一个虚拟的敌人在与自己打斗，面对敌人的进攻自己应思考如何化解和反击，有了化与打、攻与防的意识，整套拳架的一招一式就有了丰富的内涵，不再是走空架而盲目地手舞足蹈。练拳可以不用力，但不能没有意，这个意就是拳理拳法之意，明白一招一式动作的攻防意义，意念才有“用武之地”，才好体现太极拳作为中华武术项目所具备的技击用意。

走架与推手的八大手法

太极拳的八大手法，即掤、捋、挤、按、采、挒、肘、靠，也是推手的八法，掤、捋、挤、按为四正推手盘圈之基本方法，采、挒、肘、靠为四隅推手之基本方法。

掤手臂向上或向外所用之劲力，称为掤劲。掤劲在太极拳法中极为重要，是太极拳的基本劲。掤劲的力量软绵绵又沉甸甸，如棉裹铁那样外柔而内刚，走架时从起势到收势自始至终都应保持有掤劲，所谓“运劲如抽丝”，轻柔而连绵不断。推手盘圈也如此，无论是前弓后坐，还是左旋右转，或粘或随，或轻或重，掤劲都不可丢失。推手时如光讲松软而无掤劲，一搭手就很容易被压扁，无法与之抗衡，出手具有掤劲对方就难以攻入，此为防守之法。掤劲是与对方手臂相互沾连而不是顶抗，应保持手臂圆满而不能有丢失或缩扁，掤劲应随着对方之劲力而动，并掌握彼进我退、彼退我进的原则。掤劲不是用力在手臂而是在腰腿，动作进退走弧形，并做到横来直去，直来横走。掤劲犹如一张存在人体周围的保护网，既可防守，又可攻击，欲发敌前，必先向下往后引之，使其劲显而露出弱点，然后放劲前掤，凝气敛神以眼注视，何愁不胜。《八字秘诀》云：“掤劲义何解？如水负行舟。先实丹田气，次要顶头悬。周身弹簧力，开合一定间。任由千斤力，飘浮亦如松。”（图5-1、图5-2）

捋手臂向左右旁侧横向所用之劲力，称为捋劲。捋劲在推手中也很重要，捋劲可以与掤劲配合使用，推手时应掤中

图5-1　手法——掤(1)

图5-2　手法——掤(2)

带捋，捋中带掤。在前掤时如掤劲遇到顶撞或阻力，即一手沾搭对方腕部，一手粘住对方手臂肱部，以轻柔的捋劲向左右两侧牵引之。使用捋劲一定要顺人之势，在对方向前的劲力上略加以小力，并轻轻地往斜向引动，使其因劲力的方向偏离而失去重心。使用捋劲时要转腰落胯坐实后脚，含胸拔背，全身松沉而不僵滞，粘住对方肱部之手还必须带有掤劲，以防止对方使用靠劲。捋劲是以防守走化为主，只要全神贯注，上下内外安排稳妥，掌握顺应对方之动而施力的原则，就能使对方失去平衡而陷于被动。《八法秘诀》云："捋劲义何解？引导使之前。顺其来势力，轻灵不丢顶。引之任长延，力尽自然空。重心自维持，莫被他人乘。"(图5-3、图5-4)

挤　两手臂有向外往前的挤压之意，称为挤劲。挤劲在推手中的运用是以手粘住对方使其失去运化能力，然后将其向前推掷而出。挤是由后向前用挤压之力，以排挤对方使其失去平衡而弹离原来位置，挤法虽似用力在手臂，而发力源头在腰腿，运用松沉之劲通透对方体内直达脚跟，才能将人如球撞壁反击弹出。挤劲是太极拳法中的进攻方法，适用于对

图5-3 手法——捋(1)

图5-4 手法——捋(2)

方使用按劲或捋劲时，当对方之劲将出未全出时，我方便直接以挤劲抢先发之。四正推手的盘圈，即为捋对掤，挤对按。使用挤劲须松腰坐胯弓腿，手臂保持圆满，气沉丹田，尾闾(即尾骨)中正，全神贯注，应避免前俯后仰和身体偏斜。《八法秘诀》云："挤劲义何解？用时有两方。直接单纯意，迎合一动中。间接反应力，如球撞壁返。又如钱投鼓，跃然声铿锵。"(图5-5、图5-6)

图5-5　手法——挤(1)

图5-6　手法——挤(2)

按以手掌向下或向前运用的劲力，称为按劲。向下按一般用于化解，向前按一般用于进击，使用单手为单按，使用两手为双按。推手时若要化解对方的进击，手掌便粘住对方手臂向下用按劲，以抑制对方的进攻之势，并有向后或左右牵引的趋势，使对方失去重心而脚跟离地。在对方经失势而欲退却时，我方便运用全身之力向前弓腿，手掌随之向前用按劲顺势将对方击出。使用按劲应符合虚实与开合之意，前进后退有升降之势，起步和后坐为

图5-7 手法——按(1)

图5-8 手法——按(2)

虚,虚为引进,落步和弓腿为实,实为发放。按与推同样都使用手掌,两者有相似之处,也有不同之处,手掌推人所用的是手臂局部的缓慢死力,手掌按人所用的是富有弹性而灵活的内劲。按劲的接触点为手掌,而劲力的发放点在于腰腿,甚至全身。使用按劲时须悬顶提裆,沉肩坠肘,气沉丹田,松腰坐胯。《八法秘诀》云:“按劲义何解?运用如水行。柔中寓刚强,急流势难挡。逢高则澎满,遇洼向下潜。波浪有起伏,有孔无不钻。”(图5-7、图5-8)

采 以手掌虎口轻抓对方的手腕，一松一紧，一提一落，一顺一逆，犹如采花摘叶的劲力，称为采劲。采劲是太极拳法中的一种有效的制敌方法。采劲可与掤劲或捋劲配合使用，若对方向己进击，即先将其来手向斜下捋开或向斜上掤开，同时速以手臂内旋变为采劲上托或下沉，必使对方脚跟浮起。采劲的使用讲究顺势而采之，发劲要猛、要快、要沉，在于一瞬间，采劲得势能使对方头昏眼花、后脑及脊椎神经受到震荡。采劲的方向可上可下，可左可右，决不可向自己胸前，以免对方使用靠劲。所谓“逢采必靠”，所以一手采敌时，另一手应以掤劲随之。不采则已，要采就须采透方能奏效。使用采劲时应松腰坐腿，含胸拔背，沉肩坠肘，尾闾中正，保持下盘稳固。采劲可为技击时的“引进落空”创造条件，当对方脚跟浮动失去重心时，便可使用按劲或挤劲发之，拳架中的海底针与闪通臂招式，就是以采劲为引动，以按劲为发放。《八法秘诀》云：“采劲义何解？如权之行衡。任尔力巨细，权后知轻重。轻移仅四两，千斤亦可引。若问理何在，杠杆力致用。”（图5-9、图5-10）

挒 为转移对手的劲力，运用螺旋交叉方法，使其受到相反之劲力而成背势，即可反制于人，称为挒劲。使用挒劲必先

图5-9　手法——采（1）

图5-10　手法——采(2)

顺应对方劲力的走向，即所谓“从人”，然后再以弧形改变对方运行方向，改变走向应由己，并尽量使其手臂伸展，另一手粘沾对方中节，从相反方向用劲。挒劲在推手中也称撅手，太极拳法中对挒劲也很重要，除了主动使用击敌外，又可以用挒劲，为反败为胜的方法，当处于背势时往往采用挒劲为转机。若对方以单手或双手向我进击，先由掤劲或捋劲化之，继用挒劲予以反制，必须使全身动作协调一致，劲发自腰腿而不在手。拳架中的左披身伏虎为横挒拳，右披身伏虎为上挒拳，野马分鬃也称横挒手，进步以脚套封对方身后，以一手自对方胸前横出一转腰使其仰跌。《八法秘诀》云：“挒劲义何解？旋转如飞轮。投物于其上，脱然掷千丈。急流成旋涡，卷浪若螺纹。落叶在其上，倏而便沉沦。”（图5-11、图5-12）

肘　以手臂中节弯曲处运用腰腿劲力击人，称为肘劲。以肘击人十分凶猛，往往是攻击人的胸肋等要害部位，容易造成伤害，必须谨慎使用。泰拳习惯使用肘与膝，太极推手讲究文明，讲究规矩，锻炼中肘与膝应谨慎使用。太极拳法中以手为前节（包括指、掌、拳、腕），称作长武器，可用以远距离打击；肘为中节，称作中武器，用于近距离打击；肩为后节，称作短武器，用

图5-11　手法——挒(1)

图5-12　手法——挒(2)

作双方身体贴近时打击。肘劲用法分顶肘、横肘、压肘等打法，劲发于腰腿，须松腰坐胯，尾闾中正，沉肩坠肘，眼神注视对方。拳架中的肘底捶和撇身捶都有用肘，上步压肘就是以肘进击，大捋四隅推手中进步先用肘，对手用采和捋时则由肘劲而变用靠劲。《八法秘诀》云："肘劲义何解？方法随五行。阴阳分上下，虚实须辨清。连环势莫挡，开花捶更凶。六劲融会通，运用始无穷。"(图5-13、图5-14)

图 5-13　手法——肘(1)

图 5-14　手法——肘(2)

靠　运用肩、背、胯部位由外侧贴身向人进击，称为靠劲。“靠”字有依附、倚靠的意思，必须在双方身体贴近时，才能实现肩打胯靠的技击。使用靠劲更能体现腰腿发劲特点，用劲在身而不在手，但必须谨慎使用，若稍有偏离或下盘不稳就反被乘。所以使用靠劲时必须立身中正，肩胯相合，松腰弓腿，下盘稳固，不能以肩向前直撞而去，步法应随同肩向前时插进，意气及眼神尤须贯注，方能将人一举击弹而出。做白鹤亮翅定式前就先有弓步右肩靠的过渡动作，斜飞式和野马分鬃过渡动作中均有靠劲的变化，推手中对手在捋或采时，便可顺势进步以靠劲反击其身，所谓“逢采必靠”。大捋四隅推手中靠劲用得更多，盘圈过程的基本技法就是采挒肘靠，肩靠时另一手应扶于手臂内侧，防止对手闪击脸部。《八法秘诀》云：“靠劲义何解？法分肩背胯。斜飞势用肩，肩后有背胯。一旦得机势，轰然如捣碓。仔细稳重心，失中徒无功。”（图5-15、图5-16）

图5-15　手法——靠（1）

图5-16　手法——靠（2）

关于杨式太极拳拳理的论述,《十八在诀》书中有言:"掤在两臂,捋在掌中,挤在手背,按在腰攻。采在十指,挒在两肱,肘在曲使,靠在肩胸。进在云手,退在转肱,顾在三前,盼在七星,定在有隙,中在得横。滞在双重,通在单轻,虚在当守,实在必冲。"书中简明扼要地指出太极十三势用功的关键所在,另在"八要法"中还有提道:"掤要撑,捋要轻,挤要横,按要攻,采要实,挒要惊,肘要冲,靠要崩。"前人对掤、捋、挤、按、采、挒、肘、靠八法是十分重视的,在推手盘圈中是作为基本技法来训练,要求反复锻炼,掌握自如,达到手、眼、身、步法协调一致,一动无有不动。

基本推手的习练

要推好基本手,就必须认真对待,王宗岳的《打手歌》云:"掤捋挤按须认真,上下相随人难进。任他巨力来打我,牵动四两拨千斤。引进落空合即出,沾连粘随不丢顶。"这七言六句是基本推手的入门指南,定步四正推手中的盘圈动作,不管是顺圈还是逆圈,一个圈就包含掤、捋、挤、按四法,一法连着一法丝毫无有间断。"认真"两字不仅是太极拳走架和推手锻炼的需要,而且对做一切事情都极为重要,太极拳走架要认真,才能表里精粗无不到;太极推手更要认真,才能守住中土,稳固自身不为人所制。所以说"认真"是练好基本推手的关键,要认真对待掤、捋、按、挤在盘圈中的连续性,要认真处理好全身上下动作的协调性,要认真配合好敌我双方的阴阳虚实变化,只有认真对待才能万无一失。

基本推手的锻炼顺序为:单推手→定步四正推手→活步四正推手→大捋四隅推手。依次进行,才能将这些推手形式融会贯通。掤、捋、挤、按技法为推手盘圈的组成部分,具有重要的攻防技击含义,必须认真对待。掤、捋、挤、按的手部动作应随着腰胯左旋右转而变化，配合腿脚的前弓后坐，习练者应含胸拔背，气沉丹田，做到全身上下内外协调一致。在沾连粘随与不顶、不丢、不匾、不抗的前提下，如对手以巨力向我进攻，便可实现以小力牵动大力，达到引进落空的我顺人背态势，只需身、手、脚和意、气、劲相合，就能一举将人击弹而出。

宋氏太极所传《八字歌》便论述了太极推手的基本问题："掤捋挤按世间稀，十个艺人十不知。若能轻灵并坚硬，沾连粘随俱无疑。采挒肘靠更出奇，行之不用费心思。果能沾连粘随字，得其环中不支离。"歌诀中第二句所说的"十个艺人十不知"，此句容易产生误解，如果十个艺人全都不知，怎会将掤捋挤按流传至今？若改为"十个艺人九不知"，尚能合乎情理。第三句最后的"硬"字，也容易使人误解，如能改为"刚"字，就更能切合太极拳的内劲力量。《打手歌》所说的"掤捋挤按须认真"与《八字歌》"掤捋挤按世间稀"，都说明了"掤、捋、挤、按"在推手中的重要性。若要推好基本手，就必须重视"掤、捋、挤、按、采、挒、肘、靠、沾、连、粘、随"这十二个字。掤、捋、挤、按为四个正方向动作，称四正推手法；采、挒、肘、靠为四个斜角方向动作，称四隅推手法，四正与四隅之法合为太极拳推手的基本技法。沾、连、粘、随是推手中必须遵循的原则，为四种功手；与此相反的是顶、匾、丢、抗，是太极推手中所禁忌的四种病手。前文已详细介绍了八门五步十三势拳法的内容，包含手、眼、身、步动作的具体要求，手、眼、身、步的动作必须紧密配合，做到步随身换，轻灵圆活，下盘稳固，身、手、步协调一致是推手的基本要求。

太极推手的锻炼精髓

盘圈打轮，有方有圆

杨氏家传拳谱《太极圈歌》言："进圈容易退圈难，不离腰顶分后前。所难中土不离位，退易进难仔细研。此为动功非站定，倚身进退并比肩。能如水磨推急缓，云龙风虎想周旋。惯用天盘从此觅，久而久之终出奇。”

太极推手属于双人对练，用以训练灵敏的知觉功夫，是求懂劲的重要锻炼方法，绝不是论功夫的高下，也不是谁胜谁负的竞技比赛。太极拳属于中华武术，是一种具备攻防技击的拳术，走架、推手、蓄发和器械锻炼都离不开攻防技击，这也是太极拳锻炼目标之一。推手是太极拳特有的双人锻炼形式，单推手、定步四正推手、活步四正推手、大捋四隅推手，都是运用掤、捋、挤、按、采、挒、肘、靠的技法盘圈打轮，并训练手臂的知觉能力，测试身体的知觉灵敏程度。走架中要寻找知己的感觉，推手盘圈中是追求知彼的感觉。训练知觉的能力，除了懂得推手的基本形式和基本技法，还必须掌握推手的基本原则。

太极拳的动作都是在划圆，推手盘圈走的也是圆形路线，也称打环。走圆是太极拳运动的本原，如欲出击就必须沿圆圈上的切点线路发力，这一切线的落点就组成方，太极推手讲究有方有圆，因此，太极推手也称作盘圈打轮。前辈拳家都严格遵照盘圈的原则教授推手，盘圈也成了推手的一种规矩。所谓基本推手，就是运用掤捋挤按之法盘圈打轮，各种攻防技击的方法都应在盘圈中实现，各门各派的推手都讲究盘圈，仅在具体教学的锻炼形式和方法上略有不同而已。

二十世纪六七十年代，出现了一种“摸劲推手”，不用盘圈打轮，不讲究什么手法、步法、身法、眼法，也没有闪展腾挪和劲力蓄发，只需双方手搭手缓慢地摆动着相互摸劲，倒不伤身体又不伤和气。目前太极拳推手行列中，正规的盘圈打轮推手比较少了，很多推手都只是拉扯扭打，既不是盘圈推手又不像打散手，姑且称为松散推手吧。这样的推手方式完全背离了传统的推手原则，既不讲究基本形式，又不在乎基本技法，也不遵守基本原则。这样的松散推手虽自由自然，不用讲究太极推手的规矩，也不限于太极拳独门锻炼，一搭手即可让人跌出，任何拳种拳术都可以适用。

“方为开展，圆为紧凑”，有方有圆便成为太极拳的规矩，圆为规，方为矩，杨式太极推手更重视规矩，先要明规矩、熟规矩，然后才能丢规矩而合规矩。无论在走架或推手中，其一招一式都必须讲究方圆，有方有圆才合乎规矩。

杨班侯所传的《乱环诀》云："乱环术法最难通，上下相随妙无穷。陷敌深入乱环内，四两千斤着法成。手脚并进横直找，掌中乱环落不空。欲知环中法何在，发落点对即成功。"杨氏拳谱中关于推手盘圈的歌诀《太极圈》云："退圈容易进圈难，不离腰腿后与前。所难中土不离位，退易进难仔细研。此为动功未站定，倚身进退并比肩。能如水磨催急缓，云龙风虎象周旋。要用天盘从此窥，久而久之出自然。"推手盘圈打轮，有圆也有方，对圆和方的释义在杨氏家传拳谱《太极正功解》中有云："太极者，圆也。无论内外、上下、左右，不离此圆也；太极者，方也。无论内外、上下、左右，不离此方也。圆之出入，方之进退，随方就圆之往来也。方为开展，圆为紧凑，方圆规矩之至，孰能出此以外哉？"太极推手的规矩必须讲究有方有圆，定步四正推手中掤、捋、挤、按四法的运转必为圆形，活步四正推手不仅手上有圈，步法进退也走圆，即便是大捋四隅推手其步法及手法均是走圆，走圆是太极拳的运动本原。推手致用是在圆圈中运用"引进落空"技巧，当我顺人背的一瞬间顺着圆中的切线，运用弹性劲力将人击出为方，被击者只觉得受一股弹力而跌出，却毫无痛楚。

先师张玉传授推手锻炼的要求是很严格的，一定要从单推手开始，待平圈、立圈、顺圈、逆圈都盘得熟练后，再练定步四正盘手，以后再练活步四正和大捋四隅，凡是基本推手都必须盘圈打轮。推手中除了左右换圈，还有单分手和双分手，无论换圈调手还是分手，均应走圆圈，即使到后阶段所练的化打蓄发也应该在盘圈中进行。推手也是打环，紧要的是环环相扣，方圆变幻，盘圈打轮在杨式太极推手中尤为重要。

沾连粘随为功手，顶匾丢抗为病手

沾、粘、连、随是太极推手的四种功手，亦是太极推手的基本原则。推手盘圈中有了沾连粘随的功夫，便能使从手臂感到对手动静上升到身心的感受，由感觉上升为知觉，推手目的就是锻炼知觉能力。无论是掤捋挤按盘手，还是前弓后坐、左旋右转的变换，以及推手盘圈打轮，都必须遵循沾连粘随原则。所谓："上下相随成一体，动作绵绵永相连。"

太极的本体为圆球状，盘圈打轮与沾粘连随相辅相成，在盘圈打轮中融合沾粘连随，在沾粘连随中实现盘圈打轮。所谓"掌中乱环落不空""得其环中不支离"。"落不空"就是指一环扣一环，连绵不断；"不支离"就是指不能有破碎而应保持圆满。正如《太极拳谱》所云："无使有断续处，无使有凹凸处，无使有缺陷处。""永相连""落不空""不支离"这都是指太极推手的盘圈过程，在沾粘连随中盘圈打轮，掌握沾粘连随的原则对提高推手水平极其重要。推手锻炼首先要明白"沾、粘、连、随"四字的深刻含义。在杨氏家传拳谱中，对沾粘连随的注解为："沾者，提上拔高之谓也；粘者，留恋缱绻之谓也；连者，舍己无离之谓也；随者，彼走此应之谓也。要知人之知觉运动，非明沾粘连随不可，斯沾粘连随功夫，亦甚细矣。"

太极推手锻炼目的是获取知觉功夫，推手中的听劲就是要掌握对手的信息，此"听"不是直接用耳去听，而是指手臂皮肤、肌肉和全身的感觉，须采用沾粘连随的手段去了解对方，掌握对手的动静。走架与推手都是为"求懂劲"，也就是知觉锻炼，走架重在寻找自身的感觉，推手重在寻找对手身上的感觉，这种感觉包括视觉、听觉、运觉、动觉，先有感觉而后才有知觉。推手中做到了沾粘连随才能获得知觉，没有沾粘连随，就不可能获得知觉功夫，就不可能炼就听劲能力，不会听劲也就不能知彼，若在不知对方虚实深浅的情况下盲目出击，岂有不败之理。通过走架懂得自身的动静开合，炼就知己功夫；通过推手懂得对手的动静虚实，是知人功夫，知己知彼才能百战不殆。

沾粘连随包含上下相随之意，沾粘是指手臂的接触；连随是指手臂的连接与随从，以及身腰腿脚的进退，紧盯不舍如影随形。

沾，在松柔的前提下与对手搭接沾着，绝不能用强力占据，也不能过于轻微，沾又如雨露沾着绿叶，似云雾迷漫着大地。

粘，在沾着的前提下所产生的吸引，如胶似漆不离不弃，动急则急应，动缓则缓随。

连，不仅是手臂肌肤的连接，更注重心意、神气、内劲相连，手臂肌肤的连接局限于体表，意连、气连、劲连，才是与对手内在连通，使双方连成一个整体，合二为一。

随，是随从，有连才有随，要随必须连，犹如火车与地铁的车厢一节连着一节，一节随着一节向前行驶，动静急缓信息相通，牵一发而动全身。

沾、粘、连、随都是相互关联而无法分离的，没有沾就不可能有粘，没有粘也就没有连，没有连也就无从随。要想充分发挥太极拳的攻防技击功能，那就要灵活运用引进落空、四两拨千斤技巧。若要以小力打大力，就必须掌握引进落空技巧，运用沾粘连随的功夫，获得灵敏的知觉功夫，获取对手的身体信息，并细致地对这些信息及时做出反应和技法处理，这是太极推手锻炼的关键。

与沾粘连随相反而行的，就是顶匾丢抗，沾粘连随为四种功手，顶匾丢抗是四种病手。对初练推手者来说很容易出现顶匾丢抗的毛病，可能一时也很难以掌握沾粘连随功夫，平时练习应谨遵沾粘连随这一原则，步步深入才能获得成效。

顶，就是双方之劲力互相顶撞，如甲方用力向乙方推击，乙方也用力向前挡住或用强力顶回去，就像两头牛头对头顶，互不相让的顶牛劲。这就成了以力顶力、以刚对刚、以实击实、纯阳无阴的硬手，违反了推手原则，也不符合太极拳阴阳虚实互变之理。

匾，就是手臂失去圆满的掤劲，手臂过分地退缩而瘪掉，形成肘贴肋、手贴胸的背势。

丢，就是将与对方粘搭的手丢落或逃离，这便失去了沾粘之劲，没有沾粘也不可能有连和随，失去了知觉运动只有挨打的份儿。

抗，就是相互对抗有过之而无不及，甲退一寸，乙进一尺，双方对峙互不相让，如拔河运动用力对拉。

杨氏家传拳谱对“顶匾丢抗”的注解云：“顶者，出头之谓也；匾者，不及之谓也；丢者，离开之谓也；抗者，太过之谓也。要知与此四字之病，不但沾粘连随断，不明知觉运动也。初学对手，不可不知也，更不可不去此病。所难者，要沾粘连随，而不许顶匾丢抗，是所不易矣。”要避免顶匾丢抗之病，在与人推手盘圈中应用力适度，并做到无过不及，连绵不断，保持松柔，舍己从人，根据对手的动静虚实认真对待。

杨氏家传拳谱《对待无病》篇说：“顶、匾、丢、抗，失于对待也。所以谓之病者，既失沾粘连随，何以获知觉运动？既不知己，何以能知人。所谓对待者，不以顶匾丢抗相对于人也，要以沾粘连随对待于人。能如是，不但无对待之病，知觉运动自然可得，此后，可进于懂劲之功矣。”顶匾丢抗之病出于太过或不及，太极拳的一切动作都必须讲究“无过不及”，太过了，就会出现顶或抗；不及者，就会出现丢和匾。

既要舍己从人，更要从人由己

舍己从人就是不按主观臆想行事，一切随从他人之动而动，你进我退，你退我进，顺人之劲，借人之力顺势而为。推手是甲乙双方的争斗，凭借自身的强力去硬拼的战斗是匹夫之勇。太极推手不是斗力，而是斗智斗谋、智勇双全，若要取胜，关键在于了解对手的情况。只有在完全掌握对方情况的前提下，才能调整自己的方位和制订正确的战术，才能有效地击打对手，使自己立于不败之地。能沾粘连随才能舍己从人，从人必须舍己。当然，从人也不是一味地盲目跟从，舍己不是把自己完全丢弃，而是将自己隐蔽起来，达到人不知我，而我独知人，所以从人还得由己。

推手时应掌握主动权，自己的重心和劲力动向要让人无法捉摸，而对手的重心和劲力动向应该时时在我掌握之中。舍己从人是听劲懂劲的必由途径，只有从人才能知人。走架是知己功夫可以由己，推手是知人功夫主要是从人，必须在沾粘连随中做到舍己从人。舍己从人就是不由自主地迫使别人就范，根据对手的动静虚实变化，随人而动，因势利导，随曲就伸。要做到舍己从人，就必须熟练沾粘连随功夫，不能出现顶匾丢抗病手，要明白“由己则滞，从人则活”的道理，在推手中遭受失败或形成背势的原因多出于不能舍己从人之故，出现了顶匾丢抗之病。舍己，就是放弃自己的存在，就如在跟踪别人时既要紧随不舍，又不能暴露自己，所有注意力都集中在被跟踪对象身上，要忘掉自己的一切。在舍己从人的过程中也时刻注意沾粘连随，沾粘连随这个基本原则便是太极推手的核心，也是练好推手功夫的关键。

双人推手要求不以自我为中心，不自作主张，不以主观意愿去左右对方。从人，就是跟从对方，一切动作都以对方为主导，自己只是随从者。舍己从人当然不是完完全全地放弃了自己，也不是盲目一味地顺从，否则就变为被动，只有挨打的份儿却没有还手的机会。舍己与由己是相对而言，先舍己，后由己；从人与诱人也是相对而为，从人之时带诱人，诱人之间为从人，先从人，后诱人。太极拳所有动作都不是绝对的，而是讲究阴阳虚实的辩证关系，所以舍己与从人也是如此。舍己即为忘我，要忘掉自己的主观意识，将意识完全倾注于对手身上，无意识即为潜意识，无意之中尚有真意。

推手和走架一样，同样需要“用意不用力”，用意去探测对手的一举一动，稍有动向，在全身节节贯串的前提下粘随着，“动急则急应，动缓则缓随”。正如《太极拳谱》所云：“人刚我柔谓之走，我顺人背谓之粘。”这正说明了以柔克刚的粘走相生。有我化无我，无我藏有我，舍己从人，从人还得由己，舍己是表象，从人是手段，由己是目的，诱人深入腹地是为引进落空，便可一举而击之，这就是太极拳的技击特点。

求懂劲

推手是懂劲的必修课

太极拳的系统锻炼内容有拳架套路的走架、剑、刀、枪杆的辅助锻炼、双人推手锻炼、拳势单练和对练、散手训练等,有条件者应全面学练。虽然各项锻炼内容在形式和方法要求上有所不同,但是对于提高太极拳的整体锻炼水平,以及技艺的运用方面有着密切的关联。在没有条件的情况下,从技艺要求上至少走架、推手和内劲蓄发这三部分内容必须训练,能熟练和掌握这三部分内容,才能称得上太极拳入门懂劲。在拳架套路较为熟练的基础上,进入推手锻炼,待基本推手熟练后,还需进行单练及对练的内劲蓄发训练。

推手和内劲蓄发是对拳架招式中攻防技击含义实际运用的训练方法,也是拳架锻炼的进一步深入,是为了训练知觉功夫,完善懂劲技术。推手是双人对练,要在完整的太极拳理论指导下进行锻炼。杨式太极推手的要求很严格,它是以攻防技击为主导,又是兼顾强身练体的健身运动。练习推手是为了更深刻地理解拳理和拳法,进一步领会太极拳的各种要求和要领,让拳架动作的招式化打与意气运劲得以综合运用,并将拳势呼吸与内劲蓄发结为一体。

走架和推手都是太极拳求懂劲阶段的锻炼内容,拳界中流传一句话:"走架即是推手,推手即是走架。"说明太极拳的走架与推手是"一个中心,两个内容"。走架可以一个人独自锻炼,也可以众多人一起锻炼,要求分清自身各部位的阴阳虚实变化;而推手必须以两人配合锻炼,要求分清两人之间的阴阳虚实变化。要想深入理解和明白拳理、拳法,掌握一招一式的攻防技击含义,并懂得神意、气血、内劲在体内的运行路线,走架与推手都是太极拳锻炼的必修课。

拳架动作的单式训练称为单练,在学练拳架动作时,为了练好和练熟每一个动作,就必须针对某一动作反复连续锻炼,就是拆招练招,也称拳势单练。蓄发单练,是指对内劲结合在招式的一蓄一发,这就需要配合呼吸,实现蓄吸发呼,而且动作必须快捷而富有弹性,走架、推手、内劲蓄发这三者是相互关联的,走架中的松柔及体用能帮助提高推手水平,推手中的粘连及灵敏的知觉同样有助于走架。内劲蓄发与太极推手和走架的关系都很密切,推手中的化打提放,吸能提得人起,呼能放得人出，并能将人击弹出很远，就是运用招式贯注内劲的蓄发弹性作用。想要掌握太极拳攻防技击功能，就必须重视这三方面的训练，当然其他锻炼项目与上述三者同样有所关联，有条件的话理应全面学练。

杨式传统太极拳的系统锻炼内容，是由杨氏三代经过长期实践所确定的，只要按照正确的方法从简到繁，由浅入深坚持不懈地锻炼，深入体会和理解走架中的各项要求和要领是如何融汇于推手之中的，并以理论指导实践，理论贯穿于实践，日久后定将步入推手锻炼的佳境，不断地提高推手的技艺水平。

知己知彼方为懂劲

练拳时的意念，除了攻防技击的用意还有对拳理拳法的理解，走架中一招一式的动作是掤、捋、挤、按、采、挒、肘、靠技法的灵活运用。意念引导内气在全身运行，使气血周流全身，并正确把握全身各部位阴阳虚实的变化和平衡状况，随时进行自我检查，及时纠正错误。走架时与对手的虚拟打斗动作，是根据套路预设的程序，并按照自我主观设想而进行，比如意气和内劲在体内的运行路线及方向。走架时通过自我意识去了解自身的动作含义，明白气血在全身的流转过程，以及内劲在身上的运行情况，所以走架又称为知己功夫。

推手锻炼是在太极拳走架基础上的进一步发展，是对拳理拳法的深入认识和理解，特别是从攻防技击角度来讲，走架时只能对着虚拟的对手用招，推手锻炼是对拳架中攻防技击招式的实践。因为与之争斗的对手是真人，所以更要认真，小心应付，首先要将注意力集中在对手身上，密切关注对手的细微动向，不能单凭自己的主观想法而有所为，练推手就要讲究“舍己从人”。太极拳走架与推手都是求懂劲的锻炼阶段，懂劲分为明白自身之劲与明白他人之劲的两个层次，既要懂自己的劲，又要懂他人的劲，才能称为懂劲。走架为求懂自己之劲，须靠领悟；推手是为求懂彼方之劲，须靠知觉，无论是在走架或推手的锻炼中，其目的都是求懂劲。太极拳的锻炼水平是以懂劲为一门坎，只有在懂劲后才算是太极功夫入了门。《太极拳谱》云“懂劲后愈练愈精”，最后方能阶及神明。所以对太极拳锻炼来说，以求懂劲为入门的唯一途径，通过长期走架可以逐渐掌握自身劲力的运行方式和劲别的使用，这是知己功夫；通过经常推手可以逐步掌握对手劲力和劲别的变化情况，这是知彼功夫。

走架是按照既定的套路招式习练，动作缓慢，连绵不断，全身协调和谐，对攻防或对内气与内劲走向的用意能按自己的主意而行，较为容易掌握。推手就没有既定的套路招式，动作也是根据对方之动能快能慢，随意性强，而且变化无穷，若按走架方式去掌握攻防技击的用意及运气与运劲方式是不可能的，对方不会由你摆弄，所以不能凭自己主观想象而动。这就需要顺从对手之动而动，以不变应万变，对方动急则急应，对方动缓则缓随。走架和推手各有其长处，也各有其不足之处，两者协同习练为取长补短，方能达到走架与推手的互补，才能真正求得太极拳的劲。

杨氏家传拳谱《太极懂劲解》云：“自己懂劲，阶及神明，为之文成，而后采战。身中之阴，七十有二，无时不然。阳得其阴，水火既济，乾坤交泰，性命葆真矣！于人懂劲，视听之际，遇而变化，自得曲伸之妙。形着明于不劳，运动知觉也。功至此，可为攸往咸宜，无须有心之运用耳。”

懂劲必须是知己知彼，关键在于一个“知”字，知有真知、不知、半知。《论语》云：“知之为知之，不知为不知，是为知也。”真知就是真懂，不知就是不懂，半知就是似懂非懂。求懂劲先要有知觉运动，走架是在自己身上找知觉，推手是在他人身上找知觉，先有自身的知觉，后有对他人的知觉。太极拳运动讲究文武之道，习武为知运动的根由，研文为知知觉的本源，所谓“运而知，动而觉，不运不知，不动不觉”。掌握知觉运动，才能进入懂劲阶段，懂劲之后自能阶及神明。

杨氏家传拳谱《懂劲先后论》云：“夫未懂劲之先，常出顶匾丢抗之病。既懂劲之后，恐出断接俯仰之病。然未懂劲，故然病即出，既懂劲，何以亦出病乎？劲似懂未懂之际，正在两可，断接无准矣，故出病。神明及犹不及，俯仰无着矣，亦出病。若不出断接俯仰之病，非真懂劲弗能不出也。胡为其懂？因视听无由，未得其确也。知瞻眇顾盼之视，觉起落缓急之听，知闪还撩了之运，觉转换进退之动，则真懂劲。则能接及神明，及神明，自攸往有由矣。有由者，由于懂劲，自得曲伸动静之妙。有曲伸动静之妙，开合升降，又有由矣。由曲伸动静，见入则开，遇出则合，看来则降，就去则升，夫而后才为真及神明矣。明也，岂可日后不慎！行坐卧走，饮食溺溷之功，是所为及中成、大成哉也。”

对练拳者来说要达到真懂劲也不是一件容易的事，通过推手可检验是真懂劲，还是不懂劲或似懂非懂。在搭手盘圈中处处出现顶匾丢抗之病者，是为不懂劲。虽避免了顶匾丢抗之病，时而又出现断结俯仰之病者，劲在似懂非懂的两可之间。唯有具备了瞻、眇、顾、盼的视觉；起、落、缓、结的听觉；闪、还、撩、了的运觉；转、换、进、退的动觉，才能称为真懂劲。

太极推手的技击

杨式太极拳推手训练的基本形式，分为单推手、定步四正推手、活步四正推手、大捋四隅推手。推手盘圈所运用的基本手法，即为挒、捋、挤、按、采、挒、肘、靠八法。推手盘圈中应遵循的基本原则，即为沾、粘、连、随的四功手，必须避免顶、匾、丢、抗的四病手。推手盘圈中的基本策略，即是舍己从人，从人由己，连绵不断，周而复始。太极拳的走架与推手锻炼，初期为求平稳，运动中要处处保持自身的重心平稳，在阴阳虚实互变中要时时达到平衡。中期为求圆活，身活腰活手脚活，节节松柔，节节贯串，一举一动均须圆活善变，前进后退圆转自如。后期为求轻灵，身躯手脚都显现轻灵，全身松柔毫无僵持，处处呈虚静。推手盘圈过程应灵活进行上下、内外、前后、左右之势的互动。推手锻炼的是全身重心的稳定，各部位动作的轻灵圆活，全身节节贯串练成虚静的浑圆一体，身手步伐的协调一致。所有动作顺势而为，应人所动，随屈就伸，蓄而后发。

推手技击须合规矩

基本推手就是太极推手的规矩，初学时必须严格遵守规矩，懂规矩、守规矩、熟规矩，然后才可丢规矩而合规矩。四正推手的规矩，便是运用挒、捋、挤、按四法，在沾、粘、连、随及不顶、不匾、不丢、不抗的情况下盘圈打轮，如欲运用引化与发放技巧时，也应在盘圈中进行，推手不同于散手，不能不按规矩行事。推手主要是对功法的锻炼，是拳架动作的实际运用，重要的是如何推好基本手，只有基本手推扎实后，才能为太极散手锻炼打下基础。

师爷武汇川和先师张玉在教练推手时要求非常严格，四正盘圈中的掤、捋、挤、按手法的变化必须清楚明白，进退弓坐和全身虚实的变换必须与开合呼吸配合，沉肩坠肘和手臂圆满的柔韧掤劲必须始终保持。缺少了圆满柔韧与沾粘连随，就会出现缺陷、凹凸、断续的状况，也就容易形成顶匾丢抗的病手，必然受制于人。基本推手练扎实后，就能达到如王宗岳所说的“上下相随人难进”，任凭对手如何进逼或攻击，在我柔韧圆满与轻灵圆活的感知下便可顺势而为，“牵动四两拨千斤”，使人毫无进击的机会。所以在与拳友切磋交流时，只要一搭手盘几个圈，就能知道对方推手水平的高低及太极功夫的深浅程度。所谓“行家一搭手，便知有没有”，没有必要去与人死缠硬拼，如对方水平高就虚心向人讨教，对方功夫差要诚恳与之交流。推手重在知觉运动的训练，重在相互切磋交流和研究，不是比高低决胜败，推手是太极拳特有的一项双人对练内容，有其必备的基本要求和规矩，如何推好基本手就是推手锻炼的关键。

先师传授推手十分重视基本功的训练，每天至少练盘圈半小时以上，先重推十分钟后轻推。重推即掤劲慢推，也称老牛劲推手。轻推即轻松自然，如此先推上一年左右，待调手换步左右圈均练纯熟，然后再练找劲和化打。先师反对弟子稍有一点推手功夫就到处去串场子与人交手，一怕在外生事惹是非，二怕在基本功夫尚未扎实的情况下，随意推手会使推手变杂而难以走上正统。但是，弟子们总感到手痒痒的，听说哪里有高水平推手就偷着去试手。

前辈们曾经设想将太极推手作为竞技比赛项目，争取能列入国际比赛项目，这个愿望虽好但不易实现。因为推手是太极拳特有的双人对练形式，只能适用于太极一门内部的切磋交流，并不适用于与外界其他拳派的比赛。为了培养推手人才，顾留馨先生曾在上海体育宫组织过几次推手训练班，由先师张玉担任总教练，他们还搞过几次推手比赛，参赛者除太极拳习练者外，还有其他派别的拳友如少林、通臂、心意、摔跤、拳击等。参赛者为争夺名次丢弃了规矩，以力相拼，因此，太极推手不适宜作为公开的竞技比赛项目。推手不是实战，但可作为拳友们相互交流切磋的一种方式。推手锻炼也是为散手打基础，太极功夫能练到散手散打阶段，可以与其他拳术融会贯通，无论与何种拳术都可交手比试，如此方可参与公开的竞技比赛项目。

掌握推手中的平衡

掌握推手中的平衡主要在于练，练以致用，推手盘圈一般是手臂对手臂，以掤、捋、挤、按、采、挒、肘、靠的手法应对和技击，在引进落空及我顺人背的一瞬间，运用弹性劲力将人击出。

要轻松地将人击出，首先要维持好自身的平衡，在自己保持平衡的基础上，想方设法去破坏对方的平衡，这就是引进落空的技艺。稳定自身又能引进落空，才能达到“我顺人背”的态势，这就是以小力打大力的“四两拨千斤”。习拳者若要将推手真正做到学以致用，发挥得游刃有余，就必须正确处置好全身各部位轻重浮沉、阴阳虚实的变化，阴中有阳，阳中有阴，虚中含实，实中含虚，在变化中又不断调整平衡。

平时做推手练习时，应当与对手保持相互平衡，你阳我阴，你阴我阳，你虚我实，你实我虚，才能保持平衡。一方进则另一方退，如双方共进即为双重，成了顶抗，双方盘圈打轮必然受阻，为推手所禁忌。平衡也就是中定，在五行中为中土，守住自身的中土是根本，杨氏拳谱有《用功法守中土歌》一诀：“定之方正足有根，先明四正进退身，掤捋挤按自四手，须费功夫才得真。”守住自己的中定为前提，设法去打破对手的中定，从太极推手技击角度讲，叫作守中用中之法。平衡对推手的技击效果起着极其重要的作用，要随时调整好全身各部位的轻重浮沉问题，轻重一般指的是重心和劲力，浮沉一般指的是气势和呼吸。虚实重心变换和劲力配置均衡，意气导向和气势呼吸运行合理，才能达到全身各部位平衡舒适。无法保持平衡的原因，就是没有正确处理好全身轻重浮沉的关系。

在杨氏家传拳谱中对轻重浮沉作了详细的说明，《太极轻重浮沉解》云："双重为病，失于填实，与沉不同也。双沉不为病，自尔腾虚，与重不同也。双浮为病，只如飘渺，与轻不例也。双轻不为病，天然轻灵，与浮不等也。半轻半重不为病，偏轻偏重为病，半者，半有着落也，所以不为病；偏者，偏无着落也，所以为病。偏无着落，必失方圆；半有着落，岂出方圆？半浮半沉为病，失于不及也；偏浮偏沉，失于太过也。半重偏重，滞而不正也；半轻偏轻，灵而不圆也。半沉偏沉，虚而不正也；半浮偏浮茫而不圆也。夫双轻不近于浮，则为轻灵；双沉不近于重，则为离虚，故曰上手轻重，半有着落，则为平手。除此三者之外，皆为病手。"

以上所提到有关轻重浮沉的十二种情况，概括为双、半、偏三种类型，除双沉、双轻、半轻半重这三种为无病的虚实外，其他都为病手。所以在处理全身各部位轻重浮沉的关系时，必须是要沉而不要重，要轻而不要浮，要半而不要偏。沉是在上下相随中产生的，是指全身放松而自然下沉，下盘稳健自尔腾虚；重是填实而产生滞重现象，沉与重是两种不同的概念，要沉不要重。轻是在方圆之内，用意不用力，显现出动作的轻灵圆活；浮是指局部脚掌漂浮而起，虚得太过而无着落，轻与浮的含义也截然不同，要轻不要浮。半是指人体重心仍在方圆之内，所以说半有着落，例如弓步的身体重心落于两脚间距前1/3为标准；偏是指动作超出了标准范围，出了方圆就成为太过，要半不要偏。"无过不及"是太极拳锻炼能否达到标准的关键，一切动作都不能太过，也不可不及，恰到好处就能实现全身的平衡。

杨氏家传拳谱《用功法守中土歌》云："进圈容易退圈难，不离腰顶分后前。所难中土不离位，退易进难仔细研。此为动功非站定，倚身进退并比肩。能如水磨推急缓，云龙风虎想周旋。惯用天盘从此觅，久而久之终出奇。"

推手的技击方法

太极推手中的技击方法一般分击法、拿法、跌法，其中击法最为常用。传统太极推手以锻炼为主，如拳击、脚踢、顶肘、撞膝、撩阴、锁喉、拿穴等伤人的狠毒招式禁止使用。推手不是与人比高低争胜败，更不是生死搏斗。拳友推手为相互训练找劲切磋，要必须严守规矩。太极拳被称为哲学拳、文化拳、道德拳，不是主动去找人打斗，也不采取先下手为强去攻击别人，是在被动的情况下化而击之。老子曰："夫惟不争，故无尤。"太极的无敌便是不与人争斗，"不争而善胜，不召而自来"，引进落空，四两拨千斤。有人认为太极拳应是"出手见红"，这未免将太极拳说得太凶狠了。尤其在与拳友推手中什么手法能用，什么手法不能用，哪些部位能攻，哪些部位不能打，应掌握分寸，应在沾粘连随和不顶不丢的盘圈中实现化打，不能乱了推手规矩而以力相拼。

推手过程中，在盘圈到某一切入点位时运用掤、捋、挤、按、采、挒、肘、靠技法，贯注全身内劲，以松柔之劲法将人击弹而出，这种方法就是击法。此种击法犹如脱弹之丸，干脆迅疾，全不费力，被击者也毫无痛感，只觉脚下一空就不由自主地被弹出数丈之外。根据劲力发放的时间先后，击法的形式也有所差别，一般可分为以实击虚、引而击之、先化后打、后发先至等多种不同技击方法。

以实击虚，就是先发制人，彼未动，己先动，乘虚而入，抢占先机。推手时双方均以松柔相对，当对方尚处在松柔虚静之中，劲力将发未发之时，我即以迅雷不及掩耳之势突然发劲，一举将其击出。由于对方处于劲力欲发未发的犹豫之间，我即出其不意，攻其不备，抢先出击，以我之实击其之虚，所谓"拳打人不知"，也是以动制静，以刚击柔之法。以实击虚主要是在推手中一方稍存大意或犹豫，另一方有了可乘之机，所以推手时必须认真对待，将王宗岳的《打手歌》时刻记在心头，切不可随便大意。

引而击之，就是先引动其重心，彼欲动，我顺势引动，待其劲已偏即顺其劲而直发。小圈转头换劲迅速，发动快捷，对方在尚未有所悟之时即被击弹而出。例如，在推手盘圈中对方以掤劲前逼，只需轻轻粘住对手如胶似漆使其不能脱，先以捋劲横向引之，继以手臂小圈转头变换掤劲，进身弓腿向前击发。再如，对方欲进以挤劲时，只需轻轻粘住进挤之手腕以捋劲横向引之，继以另一手粘住其肘部小圈转头，即用按劲随进身弓腿向前发放。使用此击法，亦须先引进而后击之，但粘走引进必须轻柔，劲力发放要快速并保持松弹，切勿使用。如使用硬力击人，虽也能将人推出，但即使能打出力道，自己也是很费气力，又拖泥带水毫不干脆。

先化后打，即彼已动，我引进，化而击之。就是在对方先行进攻时，我便顺势化解引进落空，待其攻势已消而失去平衡我顺人背之时，我即发劲反攻将其击出。先化后打必须要舍己从人，要知道“由己则滞，从人则活”的道理，正如老子所说：“后其身而身先，外其身而身存。”例如推手中对方以直劲向前进攻，我应顺其来势，边退边用横劲向左或右先化解其来劲，继向后斜方以一手采一手捋，对方必脚跟浮起前倨后恭，如欲回退时我即顺势将其击出。若对方欲后坐对我以横劲采捋时，我即顺势进步松开被采捋之手，并以肩向前直线逼近而靠击，其必仰身跌出。先化解来劲继而反击为先化后打，无论是引而击之，还是先化后打，都必须掌握好横与直的关系，总是直来横去，横来直往，你进我退，你退我攻，这也是推手中两人之间阴阳虚实的互变。

后发先至，即“彼不动，己不动，彼微动，己先动”，也是即进即打之法。在推手盘圈的沾粘连随中，若感觉到对方劲力有所动向时，我即接住其将出未出之劲，抢先发动，我劲抢在其先。例如对方由捋转为按，当其按劲将出尚未全出之时，我即由掤转为挤便截住其将出之按劲，抢先向前挤出。当彼之按劲刚到我皮毛，而我之挤劲已进入其骨里，此种击法必须全身具备极为虚灵的知觉功夫，否则就难以实现。推手时应内固精神，外示安逸，内劲绵绵若存，用之不勤，一呼即出。

太极推手的技击方法除了上述介绍的击法，还有拿法和跌法，拿法类似于擒拿之类的手法，跌法类似于摔跤之类的技法。古人对擒拿的理解包含“擒”与“拿”两重含义，“擒”是用于锁关节，“拿”是用于封穴位。现在一般认为以控制关节为手段的技法统称为擒拿。推手盘圈是双方手臂相粘相随，如欲使用拿法也应该限于手臂关节部位，禁止拿颈和腰或抓穴，在推手盘圈中一般能施以拿法的部位是腕关节和肘关节。手臂关节的顺向或逆向转动，其自由旋转是有一定限度的，拿法就要轻轻地粘随着对手并顺其手臂关节的转向，在即将达到旋转限度时即加上一分劲力，使其超出自由转动的极限而成背势。拿法又分顺拿与逆拿、单手拿或双手拿，上手要轻柔不能太用力，一用力对方就能有所察觉，拿劲就无法使用。双手拿还带有挒劲，拿法也可以结合击法和跌法使用，拿住对手使其成背势时便可用挤按之法将其击出，又可继续顺势加力使其跌下。

跌法与摔跤类似，但又有别于摔跤。推手盘圈中使用跌法时常配合一定的步法，除了插、逼、套、封，还有拦、扫、勾、摆等，手与脚上下动作应交叉而为，即能让对手下跌。推手使用跌法时不能用手抱腰或抱脚，因为推手过程中双方手臂粘连不能丢脱，这是必须遵守的推手规矩。

击法、拿法、跌法其实都是在掤、捋、挤、按、采、挒、肘、靠八大手法的基础上加以变化，再配合前进、后退、左顾、右盼、中定的步眼身法，是太极十三势的综合运用。在与拳友推手交流中，运用击法时通常使用的手法是掤、捋、挤、按四正法，以富有弹性的长劲发放，不至于伤人，对方最多是被轻松地击弹而出。当然，推手中也能使用采、挒、肘、靠四种手法，但必须掌握分寸，注意施术部位，尤其是肘、靠这两种方法，不要随意乱用，否则容易伤人。推手时应该思想集中，潜心听劲，掤、捋、挤、按、盘圈丝毫不能马虎，稍一走神就给人以可乘之机。

推手重在化劲

太极推手的锻炼目的不是为了与人打斗，主要是训练在沾粘连随前提下的知觉功夫。锻炼的目的，一是为了强身健体、祛病延年，二是用于自身防范。推手对抗中，切不可使用蛮劲，应重在化劲。如何才能化劲呢？

第一步，保持自身平稳。注意动作的虚实变化，在变化中保持全身平衡，做到外形顺势，内形舒坦，上身放松，下盘稳固。还要正确掌握全身轻重浮沉的关系，要轻不要浮，要沉不要重，要半不要偏。

第二步，全身松柔圆活。保持身体平稳，而后全身各部位放松，松了才能活，活了才能圆转自如。全身松柔圆活，推手时粘连善走、不顶不丢；落步分虚实，出手成太极。

第三步，全身轻灵，节节贯串。保持身体平稳，全身松柔圆活，做到心静神敛，无思无虑，动静自如，起落自在；由轻灵至自然，由自然至虚空，达到虚空才是无穷，即所谓“不争而善胜，不召而自来”。老子曰：“夫惟不争，故无尤。”太极拳的高明之处就在于不争。因此，推手不是争强斗胜，而是一种修炼与养性，任由自性，玄妙自照，才得虚空妙用，最终目标是化劲。多数拳友在推手中总以自己为主体，欲打欲化按主观意愿出发，实际上这样的推手习惯很影响技艺的提高。

动作由稳健到圆活，由圆活到轻灵，再由轻灵到虚静，最后归于虚空，绵绵若存，用之不尽，即达到难以名状的状态，不可表象的真相。推手锻炼所要追求的最高境界就是化劲，即所谓的“空空迹化归乌有”，有就是无，无就是有。如若与这样的高人推手时，你想找他的劲则如捕风捉影，处处落空，而自身犹如水上踩葫芦，始终不得力。记得当初我与先师张玉推手时就是此种感觉，他只是轻轻一击就能令我双脚离地，随便一拿我即跪倒在地，轻轻一放我就像断线风筝腾空飞出。如此太极推手功夫，真令人敬佩万分！在杨式太极拳列代正宗传人中，具有如此功夫的高人不在少数，他们将杨式传统太极拳传播至今，发扬光大。

太极拳、形意拳、八卦掌都属内家拳，它们的锻炼要求有着共通之处。形意拳具有发劲沉重的特点，八卦掌具有步法轻灵的特点，而太极拳兼备以上两种特点之外，又具有沾粘连随的特点。太极拳的双人对练为的是练粘手，推手盘圈也为的是练粘手，太极剑的双人对练为的是练粘剑，枪杆的双人对练为的是练粘枪粘杆。沾粘连随是太极拳在技击方面有别于其他拳术的主要特征。粘、连是两者粘在一起如胶似漆，不能脱离；粘、随是两者紧随不舍如影随形。曾听前辈说起杨班侯和杨健侯的故事，当时杨班侯已年过六旬，有一轻功极佳之人来访，先表达了钦慕之意，便要求比试请教，说："闻君对太极拳粘劲如胶似漆，有使人不能脱离之妙，愿承赐教。"杨班侯再三推诿而对方一再坚持，于是就在庭院地上每隔一步之宽放一块砖，排成一个大圆圈似太极图形状，并规定只能脚踏于砖上走，脚落泥地即为输。此人在前缓步行走，杨班侯在后以右手掌粘贴其背，敛气凝神，亦步亦趋，不离其背。行走数圈以后，此人越走越快，迅如飞轮，杨班侯也追风逐电而行，依然不离分寸，此人突然纵身一跃，登上了屋面，心想：这下总可甩掉你了。回头一看极为惊愕！只见杨班侯仍在其后，手扶其背笑着说："君玩恶作剧，累煞老朽哉！且下去歇息如何？"可见太极拳的粘劲出神入化，只要搭上手，就如湿手沾着干面粉，难丢难舍。听说杨健侯能让轻巧的燕子停在手掌心，运用手掌肌肤极为轻灵敏疾的听劲和粘连之劲，使手掌中的燕子不能起飞。因为燕子要起飞，两爪必会微微向下使力，手掌粘连着燕爪听其两爪动静，随着两爪之力而松沉，两爪在不得力和不得势的情况下，就无法起飞。又闻杨健侯七十多岁在清廷当神武营教练时，某日归家途中，有一莽汉紧随其后，手持木棍，出其不意突然向他偷袭，杨健侯闻风而起，转身接棍，轻轻一带一送，莽汉即跌出数丈之外，爬起身落荒而去。可见太极拳的听觉极其敏疾。这些故事为后人提供了练拳的方向和目标，我们不要当作故事听罢就算了，应该从前人的故事里去体会太极拳的锻炼成效。

推手训练的不是打人，而是训练如何不被人打；即使被打，让来拳犹如打在棉花上，用太极化劲保护自己，以柔克刚，应对外来侵犯。自然界中的动物在如何保护自身方面往往要比人类的经验更为丰富，在千万年的历史进化过程中，逐渐形成了适应生存环境的结构功能，弱小动物对侵犯者也有应付之道。美国佐治亚理工学院胡立德教授研究并发现了蚊子不会被雨滴砸死的诀窍。一滴雨滴的重量是蚊子体重的50倍，用高速摄像仪观察蚊子在雨滴中飞舞时的细微动作，可以发现蚊子在被雨滴击中时并不抵抗，而是将自己溶入雨滴之中，并顺势一同下落，同时将身体向一侧倾斜，然后来一个侧身翻滚让雨滴从身侧滑落后再恢复飞行。蚊子能化解雨滴打击的技巧，正符合太极推手中引进落空、以柔克刚的道理。溶入雨滴顺势而为，侧身翻滚便是应了舍己从人和从人由己的道理。对于拳友来说，借鉴蚊子化解雨滴侵犯的实例，也许能从中得到关于太极推手原则和道理的一些启发。

太极推手的内劲

武术中的“劲”也称功力，是人体所能释放的能量，在太极拳中称为“内劲”，无论走架或推手都会涉及内劲。走架时的内劲含而不发，尤其是杨式传统太极拳主张运劲如抽丝，连绵不断。推手中更注重于内劲的灵活运用，双方一搭手便以松柔的内劲与之粘连，手连手，劲连劲，保持手臂圆满的情况下，动急则急应，动缓则缓随。顺人之劲，借人之力，方能引进落空、四两拨千斤，吸能提得人起，呼能放得人出，靠的都是内劲。刚与柔、重与轻、显与隐都是指的内劲，功力和技艺较高者其内劲呈忽隐忽现、似重似轻、亦刚亦柔，使人难以捉摸，达到人不知我而我独知人。练太极拳就必须讲究内劲，特别对太极推手的训练不仅讲究自身的内劲变化，更要去体察他人的内劲动向，方能知己知彼求得懂劲。但是，拳界对内劲的理解却是众说纷纭，有人认为“劲”就是力，有人说“劲”是神、意、气的“化合物”，有人说“劲”就是脚下之根，来自地心之力，更有人将内劲说成是天外的神秘之物，也有人将内劲分为“后天内劲”和“先天劲”，有人将内劲与技法混为一谈，也有人将内劲混同技法的变化而搞得非常复杂，认为可遇而不可求。关于一些书籍和网络传媒上出现的各种拳理说法，仁者见仁，智者见智，读者难免会觉得混乱模糊。

何为太极内劲

内劲源于神、意、气、血与内力的化合

既然称为内劲，必然是属于人体内在的能量，不可能是从人体以外传递来的力量。我曾读过一本专门论“懂劲”的拳书，对于“劲为何物”，书中说：“劲不是力，劲从脚根源源而生，感觉好

似整个人与大地之力连接上了一般。”书中又说:“在睡梦中梦见自己没有了双手,没有了身体,就此获得了内劲,便产生了狂喜之心。”虽然整本书都在说太极拳的内劲,却始终没有说明白“劲”到底为何物。如果真要在睡眠中梦见自己没了双手或身体就能明白或获得内劲的话,这就未免有些荒谬了。

太极拳锻炼讲究“用意不用力”,也讲究“力由脊发”。前者说不用力,后者又说要用力,究竟用力还是不用力?力和劲的关系如何?太极拳的内劲又是什么?其实,人体本身的力和劲是不可分离的,没有力哪来的劲,应该说力是劲的基础,劲是力的升华。

意念是太极拳锻炼的灵魂,“用意不用力”就是要求所有动作的发出都是由意念控制,不用拙力和僵劲。不用拙力,就必须全身放松,全身各部位都要舒适平稳,不要有任何僵持或牵制之处,自然舒坦才是放松。要记住,太极是道,道法自然。

太极内劲就是人体所具有的能量,是通过长期锻炼而获得的,蓄劲是人体能量的聚合,发劲是人体能量的释放。《太极拳谱》云:“极柔软,然后极坚刚。”练太极拳首先要“摧僵化柔”,摧毁身上固有的僵劲,只有从松柔练起才能使气血周流全身,久而久之就能达到“积柔成刚”,获得刚柔相济的内劲。杨澄甫的《太极拳之练习谈》中说:“太极拳乃柔中寓刚,棉里藏针之艺术。”柔中寓刚就如棉裹铁,软绵绵又沉甸甸,富有弹性,这便是太极拳的内劲能量。发劲或用力都是人体能量的释放,但是劲又不同于力,在快慢、强弱和灵活方面有一定的差异。太极拳锻炼的心、意、神应合为一体,但意、气、劲不能混为一谈,意就是意,气就是气,劲就是劲,三者的性质和功能不同。但是,三者之间又有一定的关联,意动、气动、劲动,一动俱动。心意与内气相合,内气与劲力相合,意、气、力相合称为内三合,即“心与意合,意与气合,气与力合”,在运劲和发劲时意、气、劲必须合一。

除了意与气的配合,还必须有外形四肢和躯体的配合,即外三合。达到外三合与内三合,这才形成整劲。正所谓:“心气一发,四肢皆动,足起有地,转动有位。”只要内劲一发动,四肢和躯体就全动。书中有云:“发步进入须进身,身手齐到是为真,法中有诀从何取,解开其理妙如神。”“心要占先,意要胜人,身要攻入，步要过人，头须仰起，胸须现起，腰须竖起，丹田须运起，自顶至足，一气相贯。”要提得人起，放得人出，全身内外、上下动作应密切配合，还要有肢体接触，有接触才能有感知，有感知才能引进落空、借力打力。

劲是力的升华

力与劲，一般统称为劲力，劲力包含劲和力，俗称力气或劲道。“力”和“劲”该如何来区别呢？要从用力还是用劲来区分。一般来说，凡使身体刚硬、紧固、局部作用的称为用力；凡使全身协调自然而柔软、松弹、灵活的就称为用劲。力和劲在其使用能量和强度上都有所不同，所谓“力”，泛指人与物体所拥有的能量。“力”字可分为两种解读，一种是无形与抽象的，如人的意志力、想象力、创造力、模仿力、生命力等。另一种是表象而具体的，可以量化的，如体力、臂力，可以通过抓拉或抬举等不同方式来区分大小；腿脚力，可以通过长距离的跑步或骑自行车来测试；腰肩力，可以通过挑担或抬物来测试；等等。力是一个大概念，是人与物体所具有能量的表达。

太极拳关于“用意不用力”和“力由脊发”的要求方面，有“力在惊弹走螺旋”之说。其实太极拳并不是一点力都不能用，就拿“四两拨千斤”来讲，四两也是力，就是用小力拨动大力，如果不用力恐怕连四两也难以拨动。若要“四两拨千斤”就先要掌握“引进落空”的技巧，待对手失去重心脚下不稳时，便一举将人击出，这是用的巧力。一个人站立或走路也要用力，练拳时举手抬腿或转腰都要用力，站弓步和虚步，两脚都必须有保持身体的支撑力。就武术来说，是不可能一点也不用力的，应该是不用拙力和僵劲。拙力和僵劲是后天之力，是人体局部肌肉、骨节紧张所产生的力，拙力就是拙笨的死力，僵劲就是全身僵硬紧捆的死劲，拙僵捆死的劲力会阻碍气血流通。“不用力”，指的就是这种力。练拳时应该用的是在放松前提下的自然之力，就像婴儿幼童一举手一抬腿的先天自然之力，是源于全身各部位的自然状态，不是故意用劲的局部之力。

劲，则是力在具体某个物理点位上、某个特定点上的具体表现，需要通过全身内外的合力而形成。如太极拳所说内三合与外三合，是全身的合力，配合吞吐开合，呼吸提放，细细体会全身“一动无有不动”的劲力传递。如果将“劲”字拆分，则为“一、人、工、力”，劲与力是分不开的，所以说力是劲的基础，劲是力的升华，用力或发劲都属于人体能量的释放；不同的是施用时间、距离、速度、范围的差异，力是局部能量，劲是全体能量，发劲所传递的能量更为强大。

劲与力的差别就好比钢与铁，以含碳量的高低衡量材料内部结构的密度变化，从而材料强度形成不同的强度等级。力的表现是人体局部的紧张与坚硬，劲的表现是人体全面的松弛与弹放。力的速度滞慢，劲的速度快捷，正所谓“活劲死力”。《列子·汤问篇》云：“均，天下之至理也。”劲的结构密度要比力的更为均匀；发力只限于局部机体的紧张，用劲是出于全身内外、上下、前后、左右的整体运作，全身各部位协调一致，一动俱动。太极拳锻炼讲究“一动无有不动”的整体性运动，必须是全身上下、内外协调一致，要求手与脚合、肘与膝合、肩与胯合的外形三合，配合心与意合、意与气合、气与力合的内形三合，共为六合。能做到这六合，所产生的能量可超出一般的力。

杨露禅所传的拳谱《太极力气解》有云：“气走于膜、络、筋、脉；力出于血、肉、皮、骨。故有力者，皆外壮于皮骨，形也；有气者，是内壮于筋脉，象也。”

内劲与技法

内劲贯注于技法之变

技法，可称为技巧，也称技艺和着法，是一种技击的方法，太极拳的基本技法即为：掤、捋、挤、按、采、挒、肘、靠八大手法，前进、后退的步法，左顾、右盼的眼法，中定的身法，总称太极十三势。技法善于变化，例如按又分为双手按、单手按、向前按、向下按、正按、侧按、左按、右按等；再如靠的变化有肩靠、胯靠、背靠、前肩靠、正肩靠、后肩靠、左靠、右靠等。八大手法的变化众多，练拳越精越熟，变化便越多。步法、眼法、身法亦如此，也有各种不同变化。步法也可称为腿法，除了前进、后退、插逼和套封外，还有踢、蹬、踹、撩、摆、勾、扫等法。身法并非只有中定，中定是保持自身的中正稳定，身法分闪展、腾挪、纵跳、转翻、窜崩、扑压，以及高、低、横、直、侧、返等。眼法被称为众法之首，尤为重要，是练拳者的精神所在，对于长年坚持锻炼有一定功底者，拳势一动其眼神就会发光，眼法既能左右顾盼观察敌情，又能对敌起一种威慑作用。

技法善于变化，能善变就占先机，变也不是盲目乱变，须根据对方的变而变。所谓："彼不动，己不动，彼微动，己先动。"动则生变，动就是变，技法的应变在于轻灵与敏捷，全身内外协调一致，虚虚实实，真真假假，声东击西，指左打右，出其不意，攻其无备，所谓"拳打人不知"。太极拳的招式和技法可以千变万化，而其内劲只须一贯。

王宗岳《太极拳谱》云："动急则急应，动缓则缓随，虽变化万端，而理为一贯。"太极拳的动作招式变化多端，有快有慢，有缓有急，属外形表现，而内形只需意、气、劲的贯注，所以说"变化万端"指的是技法，"理为一贯"指的是内劲。太极拳流派较多，拳式各异，但万变不离其宗。无论在走架或推手中，都必须贯以内劲，技法和内劲应相互结合，即拳架招式中有术法，术法中含内劲。拳谚云："练拳不炼功，到头一场空。"功，就指的内劲，如拳架招式中只有技法而没有内劲贯注，称为花拳绣腿，好看不中用，一交手即为人所制。如果死练劲力而不练招式技法，虽劲力增强了，但不懂技法，若与人交手便全无章法，只能盲目地乱打一通，同样是击人不妙处处被动。

内劲是通过长年累月不断修炼，才能训练出来的功夫，功夫是靠自己练出来的。虽说古语有"名师出高徒"，若仅是靠名师指导，自己不加以苦练，不去领悟，那也是枉然。当今太极拳界名师不少，其门下弟子也很多，但能练出功夫的仅是几人。

外家拳与内家拳所表现出来的功力是不同的。外家拳所练的是一种冲击力，必须将手收回后再打出，距离长冲力也大。内家拳所练的是一种内击力，劲力是由内部发出的，所以不需要长距离，所谓“挨着何处何处打”，粘着点便是出击点。内劲是内家拳所练的功力，内劲的力量就如杨澄甫所说的，似棉裹铁和棉里藏针的感觉，软绵绵又沉甸甸，是外柔而内刚。根据各人的身体条件及锻炼效果不同，所获得内劲的力量也各有差异。按明暗和长短情形可分为三大类，即明劲、暗劲、化劲；按其结构类型可分为，拧裹、钻翻、螺旋、崩炸、惊弹、抖擞，称为六合劲。八大手法与内劲结合后，便可称掤劲、捋劲、挤劲、按劲、采劲、挒劲、肘劲、靠劲，否则只能称“法”而不能称“劲”。在教练和学用过程中又可分出较多的劲别，如刚劲、硬劲、柔劲、听劲、懂劲、喂劲、问劲、提劲、截劲、承劲、拿劲、定劲、合劲、寸劲、沉劲、开劲、弹抖劲、冷断劲等。

掤劲为总劲之首

掤劲是所有劲别中的基本劲，无论是在走架或推手过程中，自始至终都应有掤劲的存在，有了掤劲才能保持手臂的圆满，没有了掤劲，就会出现丢和匾的病手。走架时从起势到收势的整个演练过程，所有动作中都应含有掤劲，掤劲应贯穿始终。推手时一搭手就应含有掤劲，掤劲应贯穿整个盘圈过程，即便是在使用其他各种技法时，必须有掤劲的贯注，在使用其他劲别时也必须有掤劲的参与。掤劲应为众劲之首，故称为太极拳的母劲。

掤劲是含有向外和向上的弹性劲力，掤劲的特征是圆满，并具有向外的张力，掤劲犹如自己身体周围的一张保护网，柔韧而富有弹性，它能抵御外来劲力的入侵，运用较小的掤劲即可将入侵之劲力引偏落空，达到四两拨千斤的效果。掤劲亦刚亦柔、忽隐忽现、松而柔、柔而沉，它不同于用力，更有别于僵硬。在走架或推手过程中，掤劲不是时有时无，而是连绵不断、不离不弃的一掤到底。走架或推手盘圈时，掤劲是一种必不可少的“填充物”，有了这种填充物才能表现出动作的圆活和饱满，才能保持腰胯松沉，下盘稳固，并有气势腾然和鼓荡的感觉。掤劲，就如同汽车轮胎里的气体，气足了能保持轮胎的鼓荡饱满并富有弹性，汽车才能行驶自如。走架或推手如没有了掤劲，就像轮胎瘪了气，下陷软坍没有弹性，汽车就无法正常行驶。

先师张玉非常重视两手臂打拳时的状态，要求手臂松沉并始终保持圆满。记得每当做定式动作手前伸落点时，先师就会过来，将我们前伸之手臂的肘节略微向外向下拨动一些，以保持圆满。他告诉我们从前他的老师武汇川也十分强调两手臂的圆满，掤劲的力不是用在手臂，而是由身体中心向外撑出。掤劲的特征是圆满，所谓“手如抱月忌过直”，凡是向前伸展的手臂都不能太直，应微曲与外掤。两手臂保持圆满就如一张绣花的掤架，两肩平准，运劲绵绵不断。所谓“掤手两臂要圆撑，动静虚实任意攻”，但手臂的圆撑不是故意用力硬撑，故意用力就成了顶抗，又何来动静和虚实。《八法释义》言：“掤劲义何解，如水负舟行。先实丹田气，次要顶头悬。周身弹簧力，开合一定间。任由千斤重，飘浮亦轻松。”

在太极拳推手锻炼或双人对练中，掤劲是必不可少的基本劲，双方一搭手必须以掤劲去迎接或堵截对方的来劲，没有掤劲就会让对手长驱直入。掤劲是松柔的，但在有外力入侵时，它就会产生一种自然的抗力，这种抗力表现为接纳对方，而不是顶抗和排斥。接纳便是运用轻柔软绵之力去迎接来客，以沾粘连随之法去了解对方来意，通过听劲分辨来者善与不善。若来者不善，便可牵引彼劲，集我全身之合力将对方弹放而出去。所以掤劲在双人推手中，是捉摸对方力源信息的“雷达系统”，先接纳，后感知，感知对方劲力的方向、大小和强弱，然后决定自己的技击对策。实战技击当需知己知彼。知己，使自己的劲力用得恰到好处，防止劲力用大了出现顶抗现象，劲力用小了产生丢匾情况；知彼，必须掌握对方的动向，要获取对方信息是一件相当细致的“情报工作”。太极推手锻炼就要练成这种轻灵松柔的知觉功夫，有了这种知觉能力，才能灵活施展引进落空技巧，从而采取先化后打或后发先至的技击战术。

内劲与技法的区分

内劲与技法两者不能混为一谈，内劲是人体通过锻炼所产生的功力。内劲是拳家自身所具有的功力,也称内功,是人体释放的能量。技法是在武术搏击中,自己防守和反击对手的方法,也是化与打结合的技巧。技法可以由老师教学,可以与拳友切磋而得来,也可以旁观别人而偷偷学练,掌握技巧后再加以苦练然后就能灵活应用。

《太极拳谱》曰:“虽变化万端,而理为一贯。”技法可以千变万化,而内劲只须一贯。例如掤、捋、挤、按只是技法,如在其中贯注内劲,就称作掤劲、捋劲、挤劲、按劲,这便是技法和内劲的结合,称为劲法。只知技法没有内劲,就成为花拳绣腿,虽然样子好看,若要交手非但不能制人必被人所制;只有内劲不懂技法,就成为笨劲,若与人交手即无法度,只会死拼硬打缺乏巧劲,所以必须两者结合。

内劲的蓄发

《十三势行功心解》云:“蓄劲如张弓,发劲如放箭。”蓄劲,就是内劲的积蓄和聚合,犹如拉弓架箭待发;发劲,就是内劲的释放和猝发,犹如弓弦一松箭矢便直射而出。蓄为收敛和聚合,属于阴;发为放松和开展,属于阳,所以一蓄一发和一收一放也就是太极拳的阴阳互变。

太极拳有“一身备五弓”之说,蓄劲时四肢均处于曲蓄状态,躯体部位就成含胸拔背,此时全身有收敛之势,犹如五弓俱张。有了躯体及四肢的外形态势,还必须有内形的带动,将内劲聚合于背脊,内气由表及里收敛于脊骨,此为含胸拔背气贴于背或气敛入骨。所谓“身弓”则是指含胸拔背之形,气贴于背之势,背脊便是弓弦,拔背就如架箭拉弓,箭矢尾部的张力支点在夹脊,弓弦的上弦根部支点在玉枕,其下弦根部支点在长强。发劲时即将背脊部的张力松开,箭矢便直射而出,躯体部便形成胸宽腹实与立身中正之态,四肢为曲中求直,呈伸展状态,全身骨节肌肉乃至皮毛均有松开展放之势,犹如五弓俱放。

发劲时的内形变化是气势鼓荡而气贯四梢，内气由里达表在全身松开展放，真元之气即沉养于丹田，而全身的内劲须合于一点发放。蓄劲是张，外虚而内实，是收、敛、吞、吸；发劲是弛，内虚而外实，是放、松、吐、呼。一张一弛，古人云："张而不弛，文武弗能也：弛而不张，文武弗为也。一张一弛，文武之道也。"这一张一弛，不仅表现在对太极内劲的蓄发方面，同样也表现在走架时的内气与呼吸的运行方面。内劲蓄而后发，曲中求直，曲蓄而有余，求直中同样应呈微曲，太极拳讲究"无过不及"的中庸之道，无论是伸展还是曲收，均应留有充分余地，这便是内劲蓄发的全过程。

古人有云："身似弓弦手似箭，弦响鸟落显神奇。"内劲的触发在于一瞬间，若逢我顺人背，得机得势之时当发即发，机不可失，时不再来，所谓："花开堪折直须折，莫待无花空折枝。"《用武要言》有云："起手如闪电，电闪不及合眸：击敌如迅雷，雷发不及掩耳。"指出内劲猝发快速和敏捷，就像电闪和雷鸣那样迅猛，电光一闪紧夹着雷声的震鸣，让人惊心动魄！内劲蓄发时也可配合发声，劲力与声音紧密结合以增强威慑力。此声必由丹田发出，因为丹田既是劲源又是声源，一蓄一发即所谓的"哼哈二气"。太极拳动作纵横曲直，错综复杂，发声也有高昂与短促之别，有咳、嗨、噫、吭、哼、呵、哈等，打拳者可以根据各人的性格特征及修炼的习惯随意选择。内劲蓄发时，形声合一，对外界事物产生共鸣，这也是一种以声夺人的技击方法。

《太极拳谱》云："其根于脚，发于腿，主宰于腰，形于手指，由脚而腿而腰，总须完整一气。"这是太极推手内劲蓄发的外形要求，绝不是单凭手上用力这样简单的击打动作而已，必须是全身上下、内外动作协调一致的整劲。所谓整劲也就是外三合与内三合紧密结合，腿、脚、腰、手与神、意、气、劲一气呵成，才能"放之则弥六合，卷之则退藏于密"。《用武要言》说："手到身不到，击敌不得妙，手到身亦到，破敌如摧草。"所说的"身"也包括腿脚。又云："发步进入须进身，身手齐到是为真，法中有诀从何取，解开其理妙如神。"

有人比喻发劲就像木匠师傅打木榫，一锤敲下就入木三分，在木柱上打钉也是如此，只需使钉子摆稳，击锤准狠，就能一锤定音。发劲也如此，就要干脆利落，不可拖泥带水，略牵引就让对方站立不稳，一发劲对方就像断线风筝被击弹而出。内劲的触发也讲究稳、准、狠，稳与准是前提，狠并非指凶狠残暴，而是果断。常见有些拳友在推手时扭抱在一起，扭扭扯扯各不相让，既无盘圈打轮的推手规矩，又无引进落空和借力打力的推手技巧，更谈不上运用内劲的蓄发。武式太极拳第二代传人李亦畲的《撒放秘诀》云："擎起彼身借彼力（其中有灵字），引到身前劲始蓄（其中有敛字）。松开我劲勿使曲（其中有静字），放时腰脚认端的（其中有整字）。"内劲在蓄发过程中应特别注意，在"擎、引、松、放"四字之中，必须包藏着"灵、敛、静、整"四个字。前两句说的是蓄劲，擎起彼身不是靠自身的力，必须是顺人之劲，借人之力，要借助人力就少不了灵巧。欲将彼身引到身前，而自身就需要收敛含蓄，所以在擎、引之中内藏着灵和敛。蓄劲张弓为拔背，发劲时就必须将全身松开，目标专一清楚，思想集中而头脑冷静。内劲发放时劲力由脚而腿而腰传动，乃至全身内外各处一动无有不动，是全身完整一气的整劲，所以在松、放之中内藏着静和整。

太极拳的动作路线走圆弧，落点成方。圆为出入，方为进退，圆为紧凑，方为开展，随圆就方，随方就圆。按内劲的蓄发要求，蓄劲出入于圆的路线，发劲进退于方的开展，在圆圈线的运行中，可以取任何一处为切入作为出击点。推手盘圈走的是圆形路线，出击点为拳、掌、肩、腕、肘、背、腰胯、膝、脚，人称九节劲，节节可发人，粘着点即是出击点，更有利于内劲的蓄发。

如何练就太极拳的内劲

太极拳的内劲训练也称功力训练，人在运动时的一举一动，能量必在体内流动。内劲训练也就是弹性训练，缓慢的走架是练人体弹性，而功力的训练则要求迅捷。人体弹性锻炼的表现形式便是一蓄一发、一收一放、一屈一伸、一开一合、一起一落、一张一弛、一吸一呼。蓄劲为收、屈、合、起、张、吸；发劲为放、伸、开、落、弛、呼。开与合是指内气，并非是内劲，内劲应指张与弛，张弓时内劲布于脊背，射箭时内劲合为一点，即所谓的“引进落空合即出”。

内劲也是人体内在的一种潜在能量，一个人只有处于极其危难的时候，这种潜在的能量才会发挥作用。内劲的训练，便是将人体这种潜在的能量进行提炼，能量越大人体的弹性越强，所以练武之人的功力要比一般人的力气更大。怎样练才能激发人体内的潜在能量以增强自身的功力呢？各门各派都有各自的训练的方法和形式，即便是同一门派，不同的人也有不同的练法，无须强求统一。太极拳的内劲首先是在走架中生成，走架要求“用意不用力”，虽然没有明显的蓄劲与发劲，但能使体内神、意、气、血周流全身，贯注于骨肉皮毛及筋脉，久久贯注内劲也日日增生。练拳时的收放开合，便是对人体弹性的锻炼。从起势到收势的每一个动作都有弹性运动，如屈伸、开合、起落、收放、张弛、呼吸等阴阳的互动。手臂和腿脚的弹性表现为一屈一伸，全身肌肤骨骼及内气的弹性表现为一开一合和一收一放，人体上下的弹性表现为一起一落，内劲的弹性表现为一张一弛，这样的运动都伴有呼吸的配合。行拳走架重在以气运身，气贯四梢，用意不用力，意之所至，气亦至焉，让气血周流全身，日积月累才能使内劲通灵。

太极推手也是内劲训练的方式之一。推手不但能增强内劲，还能通过沾粘连随体察他人的内劲动态，走架只能知己，推手还能知人，只有知己知彼，方能百战不殆。推手中的用劲更为随意灵活，还可将内劲贯注于各种技法之中，又可蓄发，使内劲增长更快。拳术之妙在于揣敌之短长，静以待动，动以处静，虚而实之，实而虚之，避实就虚，取本求末。内劲是靠苦练而来，功夫是用时间堆积而成，花费一日的功夫，就能得一日之成效，久而久之便水到渠成。

除了走架和推手之外，还可专门训练内劲蓄发。太极拳每一拳架动作都包含攻防和蓄发内容，所以每一拳架动作都可作为单式训练。单式训练也称拆招练招，将某一拳架动作抽出作专门训练，拳架单练，即如走架时的缓慢动作，蓄发单练，即为一蓄一发的快捷动作。先师张玉当初传授蓄发单练时，只是从拳架中选取个别动作，分定步和活步来训练一蓄一发，如双手按劲、单手按劲、雀尾式的挤劲、采劲等都随意选练，并无固定的套路。在先师赞同和授意的情况下，我就按平时选练的单式招数以三式编成一个小套，分左右作往返活步训练。例如将拳架的斜飞式、雀尾式、双按掌为单练第一路；搂膝单按掌、下采、白蛇吐信的穿掌为二小路；七星捶、撇身捶、搬拦捶为三小路；高探马、金鸡独立、撩阴掌为四小路；顶肘、横肘、压肘为五小路。并且都按左右交替的组合训练，配合蓄吸发呼，掌握一招一式的攻防含义，虚化实发，柔化刚打，既可作为内劲的蓄发训练，又可作为走架前的热身运动。

如训练有素，发劲应呼呼有声，感觉全身松弛，下盘稳固，劲力雄厚，发劲的动作短促，劲长而源源不断，意念向远方放射，所谓“动贵短，劲贵长，意贵远”。如此对空发劲的单练，尚属于知己功夫的锻炼，即使自己感觉发劲已非常不错，但并不能就此确定在推手中使用可以奏效，所以必须配合双人对练，一人喂劲而让另一人发劲，如此便可检验自身功力的增长程度。

内劲的运用

推手用劲的基本方式

听劲、化劲、拿劲、发劲，是太极推手中的基本用劲方式。

听劲的要义是轻灵，即“人不知我，我独知人”“动急则急应，动缓则缓随”“动之则分，静之则合”“彼不动，我不动，彼微动，我先动”等。听劲是一种知觉功夫，推手锻炼的主要目的就是训练这种知觉功夫，也叫知人功夫，不要一搭手就非要分出个高低胜败不可。听劲功夫是从松柔中获得，所以初学推手时先要松柔，松柔了才能显出轻灵，轻灵中须带几分掤劲，切记沾粘连随规矩，避免顶匾丢抗，在粘连中获取知觉。

化劲的要义是灵动，即“人刚我柔谓之走”“左重则左虚，右重则右杳”“仰之则弥高，俯之则弥深，进之则愈长，退之则愈促”“舍己从人，从人还是由己”等。化劲应从“听”字上下功夫，不明听劲，何来化劲，能听即能知敌，能柔就能化敌。将虚实、刚柔的变化融于化劲的运用中，“人刚我柔谓之走，彼实我虚在于化”，这便是避实就虚和以柔制刚的太极拳化劲。

拿劲的要义是动变，拿劲也叫定劲，拿住也称定住，即“我顺人背谓之粘”“形如搏兔之鹄，神似捕鼠之猫”“收即是放，放即是收，断而复连”“引进落空合即出”等。拿劲是由化劲中将敌定住，祖师爷杨澄甫曾说：“定住即拿住，一定住便可发。”机不可失，时不再来。拿劲也须在不丢不顶中利用粘连之法，顺其来势而定之，在此一瞬间即为拿劲。

发劲的要义是变化，即“打即是化，化即是打”“蓄劲如张弓，发劲如放箭”“发劲须沉着松净，专注一方”“力由脊发”等。发劲必须掌握在我顺人背前提下用之，我顺人背即为使敌身浮起而我身沉稳，就先要在化劲和拿劲时引进落空，发敌于落空之机。发劲时注意全身内外、上下的动作、劲力、意气，配合呼吸，动贵短，劲贵长，意贵远，眼神应专注目标。发劲也是一瞬间猝发，如迅雷不及掩耳之势，全身松沉，实中有虚，刚中寓柔，打中有化，具备随时变化意识。

杨氏太极拳第二代传人杨健侯的《太极约言》云：“轻则灵，灵则动，动则变，变则化。”这就是对推手基本用劲的概括，听劲须轻而灵，化劲须灵而动，拿劲须动而变，发劲须变而化。

田兆麟前辈回复黄文叔先生的信说：“化劲之最重要者，是顺人之势，尤其是快慢要相合，快则敌劲易生变，慢则仍未能化去。发劲先要化得好才会有发的机会，既得机即宜速放，发劲要整，要沉着。攻人全在得机得势，机会未到不当攻人。双分与单分时，要分得开，合得上，掤劲亦甚重要。靠劲先要化得合法，靠时要快，要有目标。凡此种种苟非久练，不能得心应手。”

推手内劲来自人体弹性

弹性，通常的解释为：物体在外力作用下产生的变形，若除去外力后，变形随即消失又恢复了原形，这被称作弹性形变。弹性也称弹力，例如，有人称乒乓球为弹球；篮球和足球内注入气体就有了弹性；汽车轮胎必须保持足够气体，瘪了气的轮胎没有了弹性，汽车便无法正常行驶，一般说气越足弹性就越大。人也如此，人体的生命活动是依靠精、气、神的支撑，精足、气旺、神凝是人体生命活动弹性的保证。人体对病邪的抵御能力，统称为免疫力，抵御病邪能力的大小，涉及人体弹性的大小，体质越好弹性越大，病魔便沾不了你身；体质变弱弹性也减弱，病邪一沾即上身，所以人体的弹性锻炼非常重要。

太极拳就是一种最全面、最理想的锻炼人体弹性的运动方式，太极拳运动讲究人体内外各部位一动一静、一虚一实、一开一合、一收一放、一屈一伸、一起一落、一张一弛等相互配合，其实这都是人体内外的弹性运动。这里要说的弹性不是物体受外力作用的变形，而是人体受内力作用所产生的影响。《易经》有"强势膨胀，弱势收缩"之说，从物理现象说是热胀冷缩，物体受冷热影响而变形。就张弛来说，张为弓上弦，所谓"蓄劲如张弓"；弛为弓弦松懈，所谓"发劲如放箭"，这一蓄一发就是一张一弛所产生的弹性作用。古人云："万物必有盛衰，万事必有弛张，国家必有文武，官治必有赏罚。""张而不弛，文武弗能也；弛而不张，文武弗为也，一张一弛，文武之道也。"练拳不是为了消遣赶时髦，也不是随着音乐手舞足蹈的自娱自乐，更不是为了追求优美的造型去当模特搞表演，而是要练就身体内外的弹性功效，弹性大了不仅功夫易上身，体质也会随之增强。

太极拳运动时的弹性锻炼具体表现为：外形上，四肢一屈一伸、一开一合；躯体，一起一落、一含一平；内形上，内气一松一敛、一收一放和一升一降；内劲，一蓄一发、一弛一张。人在活动时形体相应地会有各种不同的变化，统称为人体的变形，屈伸开合，松敛起落，人体的弹性变形幅度犹如一张螺旋形的弹簧，收压与放弹都在一定的范围之内。太极拳讲究“无过不及”的中庸之道，无论屈伸开合、蓄发弛张都必须留有一定余地，不能像瑜伽那样追求达到人体的极限。说话处世不过激，处处留有余地，这也是一种修身养性之道。

内劲的蓄发即是人体的弹性作用，所谓“蓄劲如张弓，发劲如放箭”，内劲的蓄聚犹如箭上弦张弓待发，内劲的发放犹如弦松弛箭出弓，一蓄一发也称一张一弛。无论是一蓄一发，还是一张一弛，都必须做到上下相随，内外相合，发劲才能干脆利落，没有拖泥带水和拉扯不休的情况。内劲蓄发走螺旋，即所谓“九节劲节节走螺旋”，这种螺旋式的弹性劲力不是天生就有，而是通过长年累月的锻炼逐渐生成。“先求开展，后求紧凑”，初练时，一屈一伸和一开一合及螺旋和圆圈动作幅度可以适当放大些，随着自身弹力的增强，动作幅度可以适当地收小些，放大或收小其动作都应保持自然。走架时屈伸开合的动作要求连绵不断，缓慢柔和；蓄发单练时，须松沉而有力，蓄吸发呼；双人推手时要求“动急则急应，动缓则缓随”，你虚我实，你进我退，你屈我伸，你开我合随人而动。

除了以上内容可以锻炼弹性外，抖大杆也是一项很好的锻炼弹性的运动。大杆也就是白蜡杆，又称长杆，长度要求为3.3米左右，按上枪头就是大枪。因为白蜡杆本身也具有很好的弹性，用它来训练弹抖功力，对增强身体的蓄发弹性更为理想，所练出的内劲质量也更佳，杨式太极拳的大师大多数都练过抖杆。

太极推手的内功修炼

太极拳是内外双修，阳属外，阴属内，内为主，外为辅。所谓内功，便是对精、气、神、意及气血和内劲的修为，统称为内功修炼。内劲专指内家拳。太极拳锻炼除了注重外形动作的练体以外，更注重内形的修炼，炼心、炼意、练神、炼精、炼气，促使气血周流全身。精、气、神为人体的三大宝，内功修炼主要是对精、气、神的提炼，精与气凝合为精气，神与气凝合为神气；心、意、神融通合一，心与意合为心意，神与意合为神意；再加以人体内气与先天自然之力之合，即为内形的三合，形成人体内自然的能量，即为内劲。内劲如欲发放还必须有外三合的配合，外形三合，即手与脚合，肘与膝合，肩与胯合，总称为太极拳的六合。内劲发于气，达于神，行于意，思于心。功力，是个人长期苦练而得，不可能像金庸武侠书中所说的，得到一本武功秘籍，或有高人用手掌搭上你背将功力传送给你就可功力大增。功力是靠自己练出来的，也是用时间磨出来的，别人身上的功力不可能传送给你，不劳而获是异想天开，虽有明师指导，自己不练还是等于零。

太极拳对“气”的理解

在太极拳锻炼中经常会提起一个“气”字，如“气沉丹田”“气贴背”“气敛入骨”“气贯四梢”“气宜鼓荡”“行气如九曲珠”“气若车轮”“以心行气”“以气定身”等。以上所说的“气”指的什么气，练拳者必须要正确理解。所谓“外练筋骨皮，内练一口气”，一般人都认为外家拳与内家拳之别在于，善于养气者为内家，不善于养气者为外家。其实，中华武术大多是内外兼修，拳术并无内家与外家之分，太极拳由柔练到刚，少林拳由刚练到柔，最后达到刚柔相济，都是从外形练到内形的内外兼修。锻炼步骤又都是由基本套路练起到双人对练，待练成武术散打后才能融会贯通，成为天下武术是一家。

武术虽无内外之分，而气却分内外，太极拳所指的“气”不是像空气一样的气体，也不是用口鼻呼吸的空气，而是指人体内在的精气，为人体的生理功能活动。太极拳所练之气是人体内部固有的“气”，即道家所谓之“炁”，此“炁”与口鼻呼吸的空气完全是两种概念，故称为内气。内气是构成人体和维持人体生命活动的基本物质之一，它是通过脏腑组织的功能活动而反映出来，内气也可以概括为人体脏腑组织各种不同的功能活动。人体内部固有的气是在母胎里已生成，所以被称为先天之气，它只能活动在体内，不可能被发放到体外。外气是口鼻呼吸之气，是大自然的空气，它的行径路线是从口鼻经过气管、支气管到肺叶，吸进的是氧气，呼出的为二氧化碳，也被称作后天之气。

内气根据其在人体内所分布的部位和活动范围不同，所能反映出的作用与功能不同，又分为元气、宗气、营气、卫气和脏腑之气、水谷之气等。元气也称真元之气，它的活动范围在腹腔内，是由先天之精生成，藏于肾，所谓:“受之于天，与谷气并而充身也。”元气能维持人体正常生长发育，元气充沛就表示身心健康，反之则为禀赋不足。太极拳锻炼中的“气沉丹田”“气贴于背”“气敛入骨”“气宜直养而无害”，这些都指的是真元之气。古代道家称为“真炁”，而这“炁”字对现代人来说不易理解，所以在太极拳中就统称为内气。宗气的活动范围在胸腔内，它是由外气吸入后，与经脾胃生化的水谷精气结合而成，它能帮助肺脏行呼吸，并注入心脉推行营血的功能，通过提、放、开、合与元气配合运动。元气与宗气都是人体内部的真气，以人体内的横膈膜为分界，膻中穴作为此二气上下协调的连接处。营气与血液溶合在一起称为气血，它的活动范围在血脉之内，循着血脉而周流全身。卫气的活动范围在血脉以外的骨肉皮毛，其性质剽悍滑疾有捍卫机体的作用。脏腑之气分布在各脏腑器官之内，有心气、肺气、胃气、肾气等。

内气只能活动在体内,因为内气不是气体,是维持人体的生理功能活动的基本物质之一。西医动手术将病人腹腔打开,从中医角度讲是大伤元气,术后必须经一段时期静养或做一些轻微的运动待元气恢复。内气唯有在人体内部才能起到应有的作用,如脱离人体便毫无踪迹可寻,再也不可能自行收回到体内,与人体生理活动已经脱离了关系。内气与血液有所不同,鲜血是有踪可寻,抽出一部分血液可以制成血浆的实样,还能重新输入到人体内。而内气却不能,因为它是看不见摸不到的,一旦离开了人体就消失得无影无踪,气功和太极拳所练的就是这种内气。功夫练得再好也不可能将内气发放出体外,有些气功师鼓吹能异地发功或隔空打人,其实这些都是骗人的谎话。

太极拳的内功实际也是气功,是人体内气与劲力的结合,内气不可能脱离人体,绝不会发放到人体的外部去。但有人却宣扬太极拳锻炼能发出三道气圈说,说什么内气向胯周围能散发出直径为1米的胯气圈,向腰周围能散发出直径为80厘米的腰气圈,向肩周围能散发出直径为1米的肩气圈。人体的内气真能散发出体外吗?而且对散出体外气圈的尺寸如此精确清晰,引起人们对此论产生了疑惑。古时候的神怪故事中有某些妖精为了修炼,在晚上将体内元气凝练成一白色气团,对着月亮进行吐纳之术,但这仅属于神话故事,并非真实事件。太极拳锻炼讲科学,不是说神话故事,练拳练到一定程度后,由于拳势呼吸的提放开合、内气鼓荡时所产生一种心理感觉,有气势和氛围扩张的意象,包括"云蒸雾腾"或"潮水涨落"的感觉,这仅是身体散发出的微热量,并非是内气真的散出体外。《太极拳谱》云"气宜直养而无害",就是要让真元之气涵养于丹田,丹田是涵养内气的最佳位置,加上敛臀提裆便能保护内气不外泄,所以对内气欲散发出体外之说是一种谬误。根据各人对拳义、拳理认识和理解程度的不同,使练拳者在行拳时产生了各种不同的感觉,这种感觉就是某种意象在头脑中的映现,有正确和真实的感觉,也有错误和虚幻的感觉,我们一定要去伪存真,对太极拳理念进行深入理解,才能实现科学练拳。

心、神、意三位成一体

太极拳的“用意不用力”，就是指要用拳技的意念而不要用拙力，对用意来说，单纯地说一个“意”字，是抽象的，空空洞洞毫无所指，既用意就必有所指向，并非是虚空无物。意念是太极拳锻炼的灵魂，练拳过程中的一切动作都将依靠意念引导，没有意念就等于失去了灵魂。练拳时的“用意”，即为拳意，练太极拳可以不用拙力，但不能不用意念，太极拳的“意”必须包含拳理、拳法和攻防技击等内容。

意必须通过心脏和大脑对某一事物的思和想，所谓意者必有所思，必有所想，有思有想即成为思想才是具体和真实的意念。思为思念，想为想象，有了具体的思想，就会有意念、意识、意象、意志等现象的产生，意念与心神的关系非常密切。

心为脏之首，主神志，神志便是人的精神和思维活动，精血是神志活动的物质基础，心脏的气血充盈则神志清晰，思考敏捷；反之则心神不宁，思考迟钝，甚至会出现失眠、多梦、健忘等。古人将心比作君子之官，中医学认为人的思维活动与心血有关，“所能任物者谓之心”就是说接受外来事物而发生思维活动的过程，是由心来完成的。传统上习惯将心与思想连接一起，俗语说：心里怎么想就怎么做。如想尽一切办法就是“挖空心思”；思想上要做一件事而轻易地完成叫作“心想事成”；说话诚恳有分量而情意深厚称“语重心长”；思想不专一，意志又不坚决是“三心二意”，都是以心代表思想的例子。太极拳有“以心行气”之说，人体内气血的运行靠的是意念，所谓“意之所至，气亦至焉”，所以说“以心行气”即是“以意导气”，心和意为一体。太极拳的内三合，有“心与意合，意与气合，气与力合”之句没有错，却有人认为这里提到心、意、气、力岂不成了四合，就想将“力”字拿掉，因为太极拳是不用力的。根据师传的内三合是“神与意合，意与气合”即可，只要有了神、意、气就能发人。

岂知心、神、意本是“三位成一体”，心想和神思都是思想，归纳为意念均属一家，何必将“心”字改换“神”字，又要去掉一个“力”字。其实太极拳的内三合，应该是心意与内气相合，精气与劲力相合，心意、精气、劲力三者合一。心意即是神意，简单说就是意念，体内精气也必须有外气呼吸的配合，劲力是全身内在的能量，也称功力，若要发人必须三者合一，才能事半功倍。

根据现代对人体生理的认识，人的精神面貌及思维活动，应属于大脑的功能，也是大脑对于外界客观事物的反映。脑为奇恒之腑，为藏神之所，神是人体生命活动的外在表现，从狭义讲神是由心所主的神志，也是人体的思维意识活动。心之所想便产生心意，神之所思便产生神意，所谓意念或意识就包含着心意和神意，即心想和神思，便合成了人的思想。这就是说大脑接受外来事物而发生思维活动的过程，是由心想来完成的，所谓“心里怎么想就怎么做”，将心和大脑的神思合成一体便是思想，思想即为意念。

拳势呼吸与提放开合

太极拳锻炼以内动为主，外动为辅，外形四肢动作都由内形的意气所带动，先由意动，继由气动，再由腰动，然后才有四肢动作。内形的意气运行也必须由意念引领，即为以意导气，太极拳所说的“气”不是指由口鼻呼吸大自然中的空气，此“气”与空气无关，而是指人体内部先天固有的“气”。

太极拳属内家拳，内家拳是以炼气养气为主，即善养吾浩然之气，《太极拳谱》云：“气宜直养而无害。”外家拳以练筋骨皮肉为主，讲究发力刚猛快捷，并不注重内气的修为，内家与外家的区别就在于此。在太极拳套路动作熟练的基础上，就要重点进入炼气、养气的阶段，并讲究拳势呼吸及内形的提放开合。拳势呼吸与人体自然呼吸在概念上完全不同，自然呼吸是用口鼻呼吸外界空气，拳势呼吸是根据太极拳动作的进退起落和屈伸开合，以及内形的提收和松放所进行的内动，称为内呼吸。

太极拳的外形锻炼是由开展到紧凑，内形意气的运行是由局部到全体，拳势呼吸是以人体内部之气的运转为主，即是内气在体内的一提一放，一敛一松，一开一合。内气的收敛是由表及里，气贴于背并敛入脊骨，即为内气的吸，这种“吸”的感觉是由全身的皮毛肌肤和骨肉及内脏的吸合，与口鼻之吸无关。内气的放松是由里达表，气势鼓荡并贯注于四梢，即为内气的呼，这种“呼”的感觉同样是由全身的骨肉皮毛及内脏的呼放，全身肌肤皮毛也有云蒸雾腾之感觉，与口鼻之呼无关。内气的收敛提合称为“吸”；内气的松沉放开称为“呼”，这种呼吸是随着内气的提放开合而产生的，是整个躯体与骨肉、肌肤、皮毛一张一弛的感觉，故被称为“体呼吸”。拳势呼吸是指丹田真元之气在体内的运动，随着内气运动的节律而产生于全身机体的一提一放与一开一合，也就是内气的收敛与放松所形成的体感，这与由口鼻呼吸自然界空气中的氧气完全是不同的两个概念。这两者之间有着明显的区别，不能一称呼吸就认为只有口鼻才能呼吸，拳势呼吸是内气在体内的提放开合，故称作内呼吸。

自然呼吸是由口鼻对外界空气的吸入与呼出，由口鼻吸入的气体只能通过气管流动，不可能周流全身和贯注到四梢，故称为外呼吸。两种不同的呼吸方式，必须加以辨认不要混同，才能正确掌握太极拳的呼吸之道。拳势呼吸有别于自然呼吸，自然呼吸是以口鼻为出入通道，为维持人体的生命活动，吸入大自然中的氧气，呼出体内排放的二氧化碳；自然呼吸不需要受意念的控制，它能昼夜不停地自行呼吸，并根据一定的频率很均匀地进行着。拳势呼吸就需要用意识去控制，不可能像自然呼吸那样十分均匀地按一定频率呼吸，必须根据拳势的提放和内形的开合进行，古代所谓的“炁”或中医称的内气，并非属于某种气体，而是为维护人体生命的生理功能活动。在初练拳势呼吸时必须用意念去控制和引导，待练到一定程度后意念也将逐渐淡化，最后就无须用意念控制，而它能自行与内外动作配合。

内呼吸与外呼吸虽说是两种不同的呼吸，但两者之间并非毫不相干，太极拳讲究内外相合和由内形带动外形，因此对呼吸来讲也会有内外的必然联系。练拳中当然是以内呼吸为主导，待练拳到一定程度后，外呼吸就会自然地配合内呼吸，并服从于内形的提放开合做到同吸同呼。配合拳势的外呼吸已不再是自由呼吸，它的频率也将随着内呼吸而改变，采用的是一种逆式呼吸法。自然呼吸称为顺式呼吸法，顺式呼吸法吸时胸腹微鼓，呼时胸腹微收；逆式呼吸法吸时胸腹微收，呼时胸腹微鼓，两者正好是相反而行之。外呼吸配合拳势内呼吸时应为提吸放呼，合吸开呼，即在内气收敛提合时外气便吸入，内外两气在体内相合，这是由表及里和由外向内的吸；在内气鼓荡放开时外气即呼出，内外两气在体内分开，这是由里达表和由内向外的呼。除了表里内外还有上下的开合，内气的收敛提合是由下而上，外气的吸入是由上而下，为两气之相合；内气的松沉放开是由上而下，外气的呼出是由下而上，为两气之分开。对外气呼吸的要求也是绵绵不断，用意不用力，轻而细，细而长，长而柔，绝不是习惯上的深呼吸与重呼吸，而是一种气息的流动，要细水长流。能练到内外两气配合默契，自然顺畅，便将实现太极拳技艺上的吞吐开合，这里的“吞”已不单纯是内气的敛合与外气的吸入，还包括对外来劲力的吞没。“吐”也不仅是内气的松放与外气的呼出，也包括将吞没的外劲再加上自身的内劲一起吐发。如《太极拳谱》所说：“吸则自然提得人起，亦拿得人起。呼则自然沉得下，亦放得人出。”以气而言吞是吸是合，吐是呼是开，所谓“吞吐开合问刚柔”，在一吞一吐之间就能感知虚实与刚柔，吞时便提得人起，吐时也放得人出，这就是太极拳的技击特点。

丹田内修与精、气、神

人体内的元气、元精、元神，也称为精、气、神，在养生学和中医学上被誉为人体的三大宝，是维持人体生命活动的主要物质基础。

精，是构成人体生命活动的基本物质之一，又是人体各种功能活动的物质基础，所谓“夫精者，身之本也”。从来源可分为先天之精和后天之精，从功能上可分为生殖之精和脏腑之精。根据太极拳锻炼说，人体小腹部的关元穴与腰背部的命门穴中间的下丹田，便是藏精之处。

气，也是构成人体生命活动的基本物质之一，它是通过人体脏腑组织的功能活动而得以反映，也可概括为人体脏腑组织各种不同的功能活动。根据所反映的部位不同，可分别为水谷之气、脏腑之气和呼吸之气等。从所起的功能来讲有元气、宗气、营气、卫气等。太极拳锻炼的中丹田，在胸口膻中穴与背部的夹脊穴中间，因上有宗气，下有元气，此处为藏气之所。

神，是人体生命活动的总称，是人体对精神意识、思维活动以及脏腑精气血液和津液活动外在表现的总括。广义的神，指整个人体生命活动的外在表现；狭义的神，是指由心为主的神志，就是人体大脑思维的意识活动。太极拳锻炼的上丹，即头脸部两眉之间的印堂穴与后脑部玉枕穴之间，此为藏神之处，古人称为泥丸宫。

精宜固而不能枯，气宜养而不能衰，神宜聚而不能散，一个人能经常保持精满、气足、神旺，才是健康的身体。如果人体出现有漏精、泄气、走神情况时，很多疾病就会相继而来，对健康就造成了影响。人体三宝只能存在于体内，绝不可能流散到人体以外，而且这三者必须是并存，精与神的合一，称为精神；神与气的合一，称为神气；精与气的合一，称为精气。精气神必须是共荣共衰，同存同亡，三者缺一不可。一个人的精枯竭了，那么气也断了，神也散了；若气衰竭了，其精与神也将同时枯散；如果神散尽了，精与气也完了，生命也就不复存在。

丹田修炼，自古以来都一直受到道家和养生家的重视，练太极拳就要讲究丹田修炼。但对于什么是丹田，丹田在何处，可能多数练拳人还很模糊。所谓丹田应分别为丹和田，丹是由精气神结合而成为丹气，田是人体内部的某一空间，是炼气和养气的小小庭院。根据人体三宝养藏的位置可分为上、中、下三丹田，上丹田在头部印堂和玉枕中间，为藏神之所；中丹田在膻中和夹脊中间，为藏气之所；下丹田在关元和命门中间，为藏精之所。内家拳与外家拳的区别就在“炼”和“练”字上，外练筋骨皮，内炼一口气，这一口气怎么炼？炼气的前期阶段必然是以练体为基础，就是将拳架动作练正确、练扎实，潜移默化之下改善了体质，此阶段为练体固精。炼气方法是由小到大，先有局部后有全身，一般可分三个阶段进行。

第一阶段是丹田内转法，随着拳势的提放开合，以意念带动丹田之气在腹腔内部上下、前后、左右运行。拳势提合时内气向后往上至夹脊归于中丹田，并配合外气呼吸为吸；拳势放开时内气向前往下至关元归于下丹田，并配合外气呼吸为呼；身躯左转时内气由右向左；身躯右转时内气由左向右。内气在腹腔内转动也起到了对内脏的按摩作用，同时使体内元精与元气相聚合成精气，此为炼精化气。有诀云：“上有魂灵下关元，左为少阳右太阴，后有密户前生门，日出月入呼吸存。”前后、上下、左右内含一个“中”字，即是丹田之所在，下丹田为气根，内气归之于根，敛臀提裆使丹田之气不外泄，让真元之气养植于丹田。

第二阶段是小周天运转法，随着拳势的提放开合，以意念带动内气由督脉上升，由任脉下降的阴阳循环运行。拳势提合时内气由会阴向后往上，经命门、夹脊、玉枕至百会，配合外气呼吸为吸；拳势放开时内气由百会向前往下，经人中、天突、膻中至关元，养气于下丹田，配合外气呼吸为呼。督脉为阳脉之海可牵连着全身之阳脉，任脉为阴脉之海可通向全身之阴脉，起到打通任督两脉和阴阳互变的作用，此为炼气化神。有诀云：“至道不烦诀存真，泥丸百节皆有神。”人体的脑髓部分称为泥丸宫，以聚神为主，泥丸一共分九宫，中央一寸方圆处为百神总会，故称百会。脑属阴，宜静不宜动，宜聚不宜散，静则安，动则伤，周天运转即为阳升阴降，升至泥丸终，降自泥丸始，升其清阳，降其浊阴。有诀云：“保我泥丸三奇灵，恬淡闭观内自明。”三奇者，即为精、气、神。

第三阶段为体呼吸法，内气随着拳势提放开合在全身范围一张一弛、一提一放、一开一合、一呼一吸。吸时为含胸拔背使内气贴于背并敛入脊骨，是由表及里；呼时内气松沉下丹田立身中正并贯注四梢，气势鼓荡并产生云蒸雾腾的感觉，是由里达表。此时全身气血随同拳势呼吸运行在十二经络及奇经八脉，呼时由内脏经阴脉行至人体末梢，吸时由末梢经阳脉回归至内脏，如此阴阳循环运行，使气血周流全身，此为炼神还虚，即所谓："气遍身躯不少滞"和"行气如九曲珠，无微不到"。道家修炼主张灭凡心，存真心，既要性空，又要心静，以虚为身，以无为心。佛家讲求苦海无边，四大皆空，凡尘俗事扰人又扰心，清静为修炼之本。调呼吸，运用吐纳之术摄取大自然的氧气化作人体之内气，以神取气，以精化气，以气包神，凝聚一团复归于根。有诀云："仙人道士非为神，积精累气以成真，人皆食谷与五味，独食太和阴阳气。"至此阶段即修阴阳混元之气，所谓"三田往返调生息，混元两气造化机"，运用先天返后天，后天返先天，专心食气，保养太和，达到性命双修，才能延年益寿。

气血通过经络周流全身

《太极拳谱》谈到，太极拳锻炼的所有动作，都是人体各部位阴阳的变化，由拳势呼吸做起，要以气血周流全身，就少不了须通行于经络。《黄帝内经》有云："经脉者，所以决生死，处百病，调虚实，不可不通。"在太极拳锻炼中要求气血周流全身，首要是疏通经络。经络向内连接五脏六腑，向外通达四肢百骸，不断地将气血灌输到全身每个部位，又能将病邪瘀毒排泄出体外。练拳就要保持经络的畅通，才能使气血周流全身，维持人体各部位的营养平衡，保持身体健康无病。杨澄甫说："练太极拳应全身松开，不使有丝毫之拙劲，以留滞于筋骨血脉之间，自为束缚。"全身放松是为了经络畅通，又说："盖人身之有经络，如地之有沟洫，沟洫不塞而水行，经络不闭则气通。"

关于人体气血的运行，杨氏家传拳谱《太极气血根本解》云："血为营，气为卫。血流行于肉、膜、络，气流行于骨、筋、脉。

筋甲为骨之余，发毛为血之余。血旺则发毛盛，气足则筋骨壮。故血气之勇力，出于骨、皮、毛之外壮。气血之体用，出于肉、筋、甲之内壮。气以血之盈虚，血以气之消长。消长盈虚，周而复始，终身用之，不能尽者矣。”

经络主要分为经脉和络脉，经脉又分为十二正经和奇经八脉，络脉又分为别络、孙络与浮络。人体的十二正经分别为手三阴、手三阳、足三阴、足三阳。手三阴为手太阴肺经、手少阴心经、手厥阴心包经；手三阳为手太阳小肠经、手少阳三焦经、手阳明大肠经；足三阴为足太阴脾经、足少阴肾经、足厥阴肝经；足三阳为足太阳膀胱经、足少阳胆经、足阳明胃经。十二正经的所有阳经通于腑，运行于四肢的外侧；所有的阴经通于脏，运行于四肢的内侧，内通于脏腑，外贯于九窍。

奇经八脉为任脉、督脉、带脉、冲脉、阴维脉、阳维脉、阴跷脉、阳跷脉。督脉为总督一身之阳经，称为阳脉之海，运行于身体背部的正中。任脉为总任一身之阴经，称为阴脉之海，运行于胸腹部的正中。带脉有束带的含义，能起到约束纵向运行各条经脉的作用，其运行于腰围一圈。阴跷脉、阳跷脉有轻跷和健捷的意思，主一身左右之阴阳经脉，能濡养眼目开合与下肢运动，运行于左右内外两侧。阴维脉、阳维脉对手足三阴和三阳经脉正常运行起到维系的作用，运行于左右内外两侧，与跷脉互为表里关系。冲脉为总领各经脉气血的要冲，能调节十二正经之气血，故有“血海”之称，运行于腹壁与背壁之内。

人体十二正经的气血运行路线，虽然是纵横交叉十分复杂，但从大体上讲：手三阴是由肺、心、心包走向手指；手三阳是由手指走向小肠、三焦、大肠。足三阴是从足趾走向脾、肾、肝；足三阳是由膀胱、胆、胃走向足趾。人体的生理活动是以脏腑为中心，经络又联系着所有脏腑，气血是依靠经络输送到全身各处，才能促使人体所有的功能活动。在太极拳锻炼的行功走架中，内气的一开一合、鼓荡和收敛，都与十二正经和奇经八脉有着密切的关系。当真气在体内鼓荡时，为气贯于四梢由里达表，气血便通过手三阴的肺经、心经、心包经由内脏运送至手指端，并通过足三阴的脾经、肾经、肝经由内脏运送到足趾端。当真气在体内收敛时，为气敛入脊骨由表及里，气血便通过手三阳的大肠经、小肠经、三焦经由手指端回归至内脏，通过足三阳的胃经、膀胱经、胆经由足趾端回归到内脏。真气的一开一合，气血的一收一放，这是阴阳的一次循环，十二正经在全身的阴阳循环也与奇经八脉关系密切，特别是任督两脉。因为任脉为阴脉之海，所有阴脉都应通过任脉而向外运送，督脉为阳脉之海，所有阳脉都应通过督脉而归返于内。

人的躯体和四肢都有阴面阳面之分，所有阴经都在阴面运行，所有阳经都行走在阳面，一般都配合在拳势呼吸的提放开合中实现。吸是提与合，本归属于阴，而经脉所运行的应是阳面，由末梢到头背归入内脏；呼是放与开，本归属于阳，而经脉所运行的应是阴面，由内脏走向胸到达末梢。继由末梢归向内脏，又由内脏送向末梢，如此循环不息，这也符合了太极拳阴中有阳、阳中有阴、阴阳相济的道理。内脏为经脉之根本，手指和足趾为经脉的末梢，气血由根行至梢，再由梢回至根不断循环运转，就能滋养全身。如果为了对某种内脏疾病的配合治疗，也可以单独针对某一经脉，配合拳势呼吸而使气血疏通，有利于病情的康复，所谓“通则不痛，不通则痛”。

太极拳运动对气血在全身的运行，大多数练拳者都知道打通小周天，使任督两脉循环运转。任脉是阴脉之海，所有阴脉都汇合到任脉，督脉是阳脉之海，所有阳脉都汇合到督脉，随着拳势呼吸的一收一放、一张一弛，同时促使任督两脉不断地阴阳循环运转，也是练拳者之所求。跷脉和维脉是表里关系，拳谚有“跷脉一动百脉皆通”之说，所以有些练拳者很注重于阴跷与阳跷的运转，跷脉在全身的阴阳交叉运行，也会带动其他经脉的运转，才使气血周流全身无微不到。带脉是环绕腰围一圈与其他经脉都有联系，并带动着腰的左旋右转，冲脉有向上和向下的行走路线，在拳势呼吸中由于胸背部内壁冲脉的上行，便能起到胸平背直和立身中正的效果。也难怪有人会误认为有“骨升肉降”的感觉，其实只是一种错觉，然而能产生如此感觉的拳友，说明他对太极拳锻炼已有了一定的成就，初学者是不可能有这种感觉的。

关于推手的答疑解惑

太极拳是否有技击功能

有段时间，社会上出现一些打斗挑战活动，一时引起了人们对太极拳甚至所有传统武术是否有实战功能的质疑。某些太极拳手没有练过太极散打，当面对职业散打对手时就只能一味地退让，无法化打和还击，由此惨败也在情理之中，但不能就此推断太极拳没有实战功能。传统武术有着几千年悠久的实战历史，太极拳的实战功能也是毋庸置疑的。由于时代与科技的进步，传统武术的实战功能的确有所削弱，逐渐演变成以强身健体为主，以武术技击为辅的体育锻炼项目。

中华武术自古以来都具备的两大功能，便是攻防技击和健体养生，古人练武，也许较偏重于技击，今人练武更重视养生，人们的观念也是随着时代发展而改变，但并不等于传统武术就失去了技击功能。所谓武术，当然能打斗，能实战，但不是所有练拳之人都善于用武。说到传统武术，其锻炼内容，除了套路（包括器械）、对练、散打等形式，还有专门的功力训练。就太极拳而言，尽管套路拳架练了几十年，不练推手还是空架，太极推手是技击的基础锻炼。但学会推手也不等于能实战，拳谚说："练拳不练功，到头一场空。"讲实战，必须熟练掌握太极散手散打功夫，并具备雄厚的内劲（功力）条件，这才可与人交手。太极拳讲究化打结合，化中有打，打中有化，化就是打，打就是化。

呼吸对太极拳技击有何作用

李亦畬的《五字诀》云："盖吸则自然提得起，亦拿得人起；呼则自然沉得下，亦放得人出。此是以意运气，非以力使气也。"先师张玉在推手中微微一吸就能将人提起双脚悬空，轻轻一呼可将人腾空放出，似断线风筝，这才是杨式传统太极拳的真实功夫。技击上讲究蓄吸发呼，一吸一呼也就是一吞一吐，此所吞的不光是气，还有对方攻来的劲力，吐也不是光吐出空气，还有内气与内劲的吐放。所谓“吞吐开合问刚柔”与“哼哈二气妙无穷”之说，都是指呼吸对技击的作用。这里所指的呼吸，不是单纯从口鼻呼吸外气，而是人体内部神意气与内劲组合，外形上腰腿四肢动作相互配合，由内到外一气呵成。一哼一哈就是一吸一呼，也是一吞一吐与一提一放，说到哼哈，武汇川和田兆麟堪称杨门的“哼哈二将”。

如何做到“退中有进”与“打中有化”

杨式传统套路中的许多拳架动作，总是一手前一手后，一手上一手下，一手屈一手伸，一手阴一手阳，一手虚一手实，哪怕是定式后的转换动作也如此。初练太极拳或拳操锻炼者，一般不会去研究这些动作的用意，先师张玉说过：“走架也要如同与人打架，要认真，不能马虎，退中要有进，不进则挨打。”走架时也要“顾三前，盼七星”，说的就是要照顾好自己的身前、手前、脚前，以防范对方进击，要注意对方的头、手、肩、肘、胯、膝、脚七处出击点。太极拳动作有攻与防，化与打，进与退，所谓打就是化，化就是打，打中有化，化中有打。搭手盘圈无论前进与后退，进击中应含有走化，走化中应包含进击。记得某次，先师看着我与一位师兄推手，作为小辈我不便主动进击，只是认真地粘连着考虑如何走化。当我刚化解了师兄挤劲的进逼，而他又突然后坐变换成向后的采劲，我只能前脚踏进半步顺势而进，却无意地将肩靠上了其胸。师兄当场感到胸闷不适，先师反而批评他说：“你练了这么多年的拳，用采劲怎会不带掤，而且也不能往自己身上采啊。”所以在攻人时必须有防卫准备，是打亦有化，在化解对手打击时也有反击的势头，是化中要有打。

什么是太极拳的蓄发与张弛

一张一弛是事物发展的必然规律，古人有言：“张而不弛，文武弗能也；弛而不张，文武弗为也。一张一弛，文武之道也。”凡事都必有张有弛，张弛也是太极拳阴阳虚实的另一种表现形式，在内劲的蓄发方面,“蓄劲如张弓”,开弓架箭称为张;“发劲如放箭”,将拉开的弓弦松放称为弛,内劲的一蓄一发也就是一张一弛。张弛还表现在练拳时内气的收敛和鼓荡方面,内气收敛是由表及里,对应八卦的卦象是坎中满,内实而外虚称为张;内气鼓荡是由里达表,对应八卦的卦象是离中虚,外实而内虚称为弛。张为吸为合,弛为呼为开,在一吸一呼或一开一合之中就含有一张一弛的文武之道。所谓“万事必有张弛,万物必有盛衰,国家必有文武,官治必有赏罚”。张弛与蓄发是太极拳的体用,张和蓄为收敛,弛和发为放松,蓄劲为弱势,发劲为强势。

什么是太极拳的“一身备五弓”

王宗岳的《十三势行功心解》有“蓄劲如张弓,发劲如放箭”之说,后人在此基础上做了一定扩展,认为全身一动俱动,除了身弓,还有两手弓、两腿弓,于是便有了“一身备五弓”的说法。身弓即为含胸拔背的蓄势,手弓是指两手臂的曲蓄,腿弓便是两腿脚的曲蓄,是为五弓中的主弓,这就成了张弓架箭的势态。胸有含必有平,背能拔也能直,胸平背直即为立身中正,两手臂和两腿脚都有屈有伸,胸宽腹实立身中正,手脚伸展,劲长意远,这便成为箭矢发放的势态。太极拳讲究“无过不及”的中庸之道,做任何事都必须留有余地。因此发劲时当保留一弓或二弓蓄势不发,五弓以身弓为主,手脚之弓为辅,配合发放。曲为蓄、伸为放,当蓄劲或发劲时不可能两脚两手都是曲蓄,也不可能都是伸放,一蓄一发,就是一阴一阳和一虚一实,应该蓄中含发、发中寓蓄。

杨式太极拳发劲的威力有多大

杨式太极拳发劲的威力用瞿世镜的话说,就是“出手见红”。对太极拳的技击功能应正确看待,使用时应小心谨慎,决不可凭一股血气而滥用,否则是会伤人,甚至会死人的。太极拳动作看似软绵绵慢悠悠,却是刚柔相济,柔化刚发,快慢随意,慢练快打,所谓“动急则急应,动缓则缓随”,发劲如闪电,迅雷不及掩耳。据说20世纪30年代,师爷武汇川教人推手时,发劲将人打飞撞墙，那人受了伤痛而积怨并怀恨在心，那人为报复而几次纠集流氓寻衅未成，最后故意制造了一起车祸，导致师爷武汇川伤残死亡。20世纪50年代先师张玉在公园教拳时，经常会有人前来捣场约斗，曾经有对手被先师张玉一招打下，跪地不起，口流鲜血。20世纪60年代先师张玉在体育宫教授推手时，吸取以前这些教训，避免不必要的伤害，便在训练馆墙上安装了很多沙发软垫，防止发劲时将人打飞撞墙。武云卿是武汇川侄子，曾在比斗交手时，失手将人打伤致死，为此带来了牢狱之灾。太极推手有严格的规矩，散打就不那么讲究了，守规矩就是守武德，应手下留情，点到为止，不出狠手。太极推手有“十不可”“八不打”“五不传”之说，是守武德的基本要求。

某些太极练家一人真能推倒数十人吗

太极拳讲究的是不顶不丢、引进落空、用意不用力，并非是与人比力。如若太极拳是用力顶，莫说数十人，就是合两人之力也顶不住，这仅是一种游戏，不能证明练家功力强大。太极推手功夫不是以力取胜，更不是以多人排成队合力相对。实际上多人合力并不占优势，排在最前面的第一个人是最关键的，这个人不如一人的关键在于第一人，这第一人如果背后没有人助力，他尚能灵活应对，背后一受力就会失去灵活性则更为受累。使用劲力是有方向性的，第一人背后无论排有多少人，劲力的方向只能是直线向前的同一个方向，很难改变。此时，作为对手的太极练家仅为一人，劲力方向却能灵活多变，那就已占先机了。根据推手不顶不丢原则，运用直来横去、声东击西、指左打右的战略战术，多人的合力面对太极推手的千变万化，当然就会失去准头，只要太极练家稍左右引动，就可破解了多人的合力。这更能说明太极推手不是凭强力取胜，而是靠智慧、靠灵敏、靠善变，运用沾粘连随、引进落空的技巧，才能收到小力胜大力、四两拨千斤的效果。

手脚不动只凭意念是否能将人击出

太极拳为动功，讲究动中求静、动静结合，动是拳的本原。

外动是躯体和四肢，是为形；内动是神意气血，称为神。无论练拳或竞技都必须做到神形合一、内外兼动、协调一致，才能一动无有不动。在锻炼过程中对外形动作的要求，应先求开展，后求紧凑；开展要求动作幅度放大，紧凑要求动作幅度缩小，就是常说的所谓“从大圈练到小圈，从小圈练到无圈”。无圈并非是僵死不动，其圈极小而已。太极高手击人时的外形动作极小，粗看未觉察到其手脚有何动作而人已被击出。太极拳的发劲要求为：动贵短、劲贵长、意贵远。有内动必有外动，才称得上神形合一，一动无有不动。我对“意动形不动”或单凭神意气就能击人的观点完全不能苟同。

太极拳能隔空打人的“凌空劲”是真的吗

据说，在杨式太极拳传人中能发“凌空劲”的唯有乐焕之，我未能亲眼看见，甚感遗憾。但在1982年全国太极拳名家聚首上海时，一次在卢湾体育馆的名家表演中，我曾观赏到由太极拳练家与其弟子所表演的“凌空劲”。两人分别站在相隔三五米之外的位置，练家只需动动手势，就能隔空将弟子打得满地翻滚。门外人也许会觉得十分惊奇，但行家一眼就能看穿这种骗局，当时就听得先师张玉、顾留馨老师和冯志强老师说：“这一套，是在欺骗观众，欺骗弟子，也欺骗了自己。”以前在上海和苏州等地也曾流行一种叫“沈昌功”的气功，也是宣扬“隔空发功”，所表演的情况与所谓的“凌空劲”一模一样，最后骗局被识破了。太极拳锻炼应讲究科学，不搞玄乎，提倡科学练拳才是正道，太极拳与其他拳术一样，必须有肢体的接触才能有劲力的发放，“隔空打人”或“隔空发功”都是骗人的勾当。

杨式的螺旋劲与陈式的缠丝劲有何异同

陈式太极拳的缠丝劲，是指手臂关节缠绕或旋转滚动的劲力，有顺缠丝和逆缠丝之分，尤其在技击方面有其独到之处。杨式太极拳有运劲如抽丝之说，是意气内劲在全身的运行情况，这与缠丝劲有很大不同，运劲如抽丝与连绵不断有关。在走架或推手中的抽丝之劲，得益于动作中内劲的贯注，内劲的运行缓慢顺遂连绵不断，像行云流水，细微而深长犹如在抽丝，而且毫无断续。陈式太极拳有震脚和发劲动作，内劲运行有断有续，陈式拳就缺少了杨式拳这种连绵不断的抽丝劲。陈式的缠丝劲可比照杨式太极拳中的螺旋劲，缠丝与螺旋同样以腰为轴心，并带动手臂骨节的旋转。螺旋劲比缠丝劲所旋转滚动的部位更为全面，除了拳掌、腕、肘、肩旋动，还包括背、腰、胯、膝、脚的转动，称为全身九节劲，节节走螺旋。螺旋劲有内旋和外旋之分，内旋相当于顺缠丝，外旋相当于逆缠丝。杨式拳的内旋和外旋还配合内形的开合鼓荡，在技击上不逊于缠丝劲，抓拿蓄发自有其灵妙之处，动中含旋，旋中有动，沾着何处何处发，全身九节劲节节可发人。

吴式太极拳的“烂踩花”与杨式太极拳的“活步推手”有何异同

烂踩花是吴式太极拳推手的一种形式，近似于杨式太极拳的活步推手，差别在于，杨式的手法和步法有一定的规矩要求，而烂踩花不讲步法，可以自由发挥。烂踩花比活步四正和大捋四隅更机动灵活，介于推手与散手之间。对于太极拳推手锻炼，各门各派都有其不同的锻炼形式和训练方法，吴式太极拳自有其独创的风格和特色。太极拳各门各派的推手锻炼，虽在形式上各有其不同的风格和特色，但推手基本技法和基本原则都相同，最终目标都是一致的。

先师张玉为什么反对弟子串别人拳场

先师张玉自1927年随杨澄甫到上海筹创“汇川太极拳社”，并协助武汇川传授杨式太极拳。武汇川病故后，张玉独自设场教拳，在上海立下了根基，但也常有人前来捣场，称为踢场子。曾有一外地来沪的拳师，闻听上海张玉太极推手功夫了得，便寻找到先师教场指名要与之过招，先师推脱不开，最后只能相约去家中喝茶磋谈。杯茶之后，在此人固执坚持下，先师只能奉陪。谁知对方出手十分凶猛，一搭手便当胸一拳直冲，先师即以搬拦捶化解其来拳，刚欲出右拳点其胸腹，不料因对方前冲势头极猛而撞上拳锋，只见对方随之跪地不起，并口喷鲜血。先师见状大吃一惊，急忙将他扶起为其按摩并送服伤药，最后又赠予盘缠劝其回家好好练功。因此，先师非常反对自己弟子去串别人拳场交流比试，更反对拿推手功夫与人争强斗狠。即使相互熟悉的拳友之间对练、推手、散手等互相交流切磋，他也严格约束。尽管如此，在上海凡听说是张玉弟子大家都会敬仰三分，师兄弟们在推手交流中也会谨遵师嘱，点到为止。

先师张玉发劲功力是否为虚传

在上海拳界中多有传说，张玉的功夫得自杨家的真传，特别是太极推手堪称“独步上海”。但先师为人低调，且无门户之见，常听他谈及别人功夫的了得，从不谈及自己的功夫如何。曾听师兄们说，当年的陈毅市长很重视中华武术，经常组织民间武术比赛和交流活动，曾多次亲临活动现场观摩。有一次，陈毅市长观看先师与人太极推手，一搭手对方即摇晃不稳，先师只将手一扬轻轻发放，对手突然像断线风筝似凭空飞出约两丈开外，并跌落在贵宾席前。活动结束后陈毅市长特意与先师握手表示赞赏，另一手拍着其肩说：“张老师真厉害，好功夫啊！”那么，先师所用的是何劲法？当时在场的师兄说，对手向前逼近时，先师引进落空，使出一招野马分鬃，便将对手横向击弹而出。我也曾请教先师在推手中如何使用野马分鬃的劲法，在实践中却深感其难度之大，要做到像先师那样轻松地将人击弹而出，不经多年磨炼如何能成。太极拳的发劲功力是真真实实的，弄不得半点虚假，更不能故弄玄虚用来骗人，骗人就是骗己，对太极拳的发展和提高有损无益。

太极拳的“柔”与“刚”是否矛盾

大家都知道练太极拳讲究松柔，越松越柔越好，便出现了“大松大柔”的口号。不少人把以柔克刚理解为以自己的“柔”去克制别人的“刚”，因此将“柔”作为锻炼的最终目标。但是，太极拳不是柔拳，也不是软拳，而是阴阳相济的哲学拳，只讲柔软，而不讲刚强的就不是太极拳。记得先师张玉说过：

"柔与刚是不能分拆的,虽说化劲用柔,发劲用刚,但在用柔时不能无刚,用刚时也不能无柔。"对初练太极拳者强调用柔,是为了去除其身上的拙僵之劲,称之为"摧僵化柔",待拳技成熟功夫上身时便"积柔成刚"。太极拳应具备刚中寓柔、柔中寓刚、刚柔相济、刚柔并重。若要谈"柔",就不能丢弃"刚";若要讲"刚",也不可丢弃"柔"。所谓运劲如抽丝,绵绵不断,这是指太极拳的"柔";运劲如百炼钢,无坚不摧,这是指太极拳的"刚"。有些人认为太极拳就是柔拳和软拳,只要练柔了,就能"以柔克刚",还就此拿"柔"字大做文章,却忽视了敌刚我柔和敌柔我刚,柔则茹之,刚则吐之,"以刚击柔"的战略战术。"以柔克刚"是化劲,化劲也不是光凭一个"柔"字,在柔中还须有粘走,在粘走中还暗藏着"以刚击柔"的反击,才能克敌制胜。熟练双人推手者,均知道只要一搭手,就必须做到人刚我柔,你阴我阳,你实我虚的互变。刚柔就是一阴一阳、一虚一实,在互变中又必须两者兼顾,所谓"柔里有刚攻不破,刚中无柔不为坚"。

太极拳功夫上身既要苦练又需领悟,是否矛盾

苦练和领悟两者并不矛盾。有人认为太极拳功夫不在练多练少,完全取决于个人的心领神悟,并宣扬"苦练三年,不如真传一句",以此来否定"拳打万遍神理自现"的传统说法。"拳打万遍神理自现"是历代拳家的经验总结,许多出类拔萃的大师卓越功夫,都是通过苦练得来的,没有一人能不练而悟出功夫来。当然领悟也是必需的,但应该在苦练的基础上去领悟,不去苦练光凭领悟,再心领神会也是枉然。功夫是苦练出来的而不是领悟得来,领悟是为了更有效地练,在苦练中也能悟出些道理,练与悟两者应相辅相成。任何技艺的提高都少不了苦练,就以舞台的表演艺术举例,"台上一分钟,台下十年功",更何况是太极拳功夫。若要太极拳功夫上身,第一,要苦练,通过苦练才能熟练,只有熟练才能渐悟懂劲,懂劲后才能达到神明;第二,要领悟,在苦练中生悟,悟又贯穿于练,光注重悟而忽视了练,就成了本末倒置。

功力是否可以转移他人

用功力疗伤近似于气功按摩、气功推拿之说，将自身功力转赠给别人，只是武侠小说中作者的想象，都不是事实。功力是靠自己长期锻炼而逐渐生成的，只能是本人具有，不可能转移到别人身上，自身的功力就像自身的健康一样，试问你的健康能转让给别人吗？能为人疗伤的伤科医生不一定需要具备武术功力，也不需要以武功内劲施为，至于气功按摩和推拿，需要掌握的是人体经络穴位和操作手法，仅是在施术时注意配合呼吸和意念，即使不通武功的人当其操作熟练后，也自然能做到呼吸与意念相配合。要为人按摩推拿必然会消耗自身的体力，对于练武具有一定内劲和功力的人，其体力相比一般人要强些，操作上便更为顺遂而自然，手掌手指的力度也更深透，疗效更佳。内劲和功力只能强健自身，不能传导给他人，技巧能让别人明学或偷学，内劲是别人学不去也偷不走的，现代医学可以将人的内脏移植给其他人，但还没有能将内劲功力移植到别人身上的技术。

杨门真传的太极推手功夫有哪些逸事

杨门列代传人在训练推手或散手时，都会找一两位身强力壮的弟子做搭档，叫作相手。武汇川便是杨澄甫当年的相手，在伴练中遭到击打后，他自己经常会琢磨老师所用的各种劲法，在第四代传人中武汇川的功夫堪称第一，由此可见“功夫是被打出来的”。之后武汇川也找了相手，那便是身强力壮的张玉与吴云倬，在第五代传人中以张玉功夫为第一，其次便是吴云倬。张玉最初的相手是王延庆（人称山东王）和王仲良，自两位师兄因病离世后，又有张雅鹤与胡汉昌做相手，一般都是挑选身材高大、体魄强壮的弟子做相手。过去老师教拳不可能对你讲很多道理，大多是由自己去体会和领悟，再加上自己的刻苦锻炼，最后才能获得成效。记得先师在上海体育宫推手培训班教学员时，在墙上都安装有沙发样的弹簧软垫，学员都站在离墙二三米处背对墙垫，先师逐个搭手盘几圈即发一劲将学员击弹而出，撞飞在墙垫上。然后由各自去体会和领悟所发之劲法，如有不明可再请教老师，然后学员之间互练，只有自己亲身挨了打，才能由被打的感觉而悟出其道理。报名参加推手训练班的并非是初学太极拳者，大多是有着数十年拳龄，而且具有相当推手水平的学者，都是慕名而来。有位陈照奎的盛姓弟子对我说，当初他也报名参加培训班，亲见太极推手功夫已小有名气的常云阶的衣钵弟子马殿臣在与先师推手时，他就像踩在水葫芦上根本无法站稳脚跟，先师只需轻轻发放力就将他飞弹而出。这位马殿臣拳友后知道我是张玉弟子，还来寻访我，并对先师的推手功夫赞不绝口。

后记

张玉大师
——杨式太极拳的一面旗帜(摘选)

张玉八岁时进入杨家学拳,是杨澄甫先生很器重的后辈,深得杨家教诲。张玉学的是杨家真传太极拳,但由于张玉的辈分低,不能算作杨澄甫的弟子,张玉与傅钟文都属杨澄甫的孙辈,故只能拜在武汇川门下。武汇川是杨澄甫的首徒,张玉是武汇川的大弟子。武汇川南下教拳,在上海创办“汇川太极拳社”,张玉便跟随杨澄甫到上海着手办社的筹备工作,并协助武汇川教拳。在“汇川太极拳社”学拳者先后达数千人,骨干有武云卿、武贵卿、吴云倬、顾留馨、吴剑岚等人,他们都是武汇川门下著名的弟子,日后为推动上海太极拳乃至全国武术的发展,做出了积极的贡献。

第一届全运会,上海市武术队在天安门城楼前留影(后排右起第二人为张玉)

张玉的事迹流传不多，对他知之甚少，因为大家都把目光聚焦在杨澄甫与武汇川身上，对他少了些关注。然而，在20世纪下半叶，张玉却是上海太极拳的一面旗帜！这样的称号、这样的荣誉，笔者是根本没有资格评论的，但有两位武术家可以这样评价他，这两位就是田兆麟和褚桂亭。20世纪五六十年代，能有资格评论其他武术家的人，也恐怕只有他们两人。当年他俩是太极拳界顶尖人物，其他名家与他俩相比则稍逊一筹。

笔者在整理顾留馨日记时，曾看到有这样的记载，1958年4月15日记载："褚桂亭昨天和田兆麟一起谈太极拳，说晦气，张玉、吴云倬是杨家太极二面旗帜，今日都中风了，杨家太极今后谁能顶起来？很忧心！"他俩是以教拳为生的专业拳师，患病会影响生计，这牵挂了许多武术家的心，尤其是田、褚、顾等有相怜之心，所以才会有以上的议论，两位老武术家才有此出于肺腑之叹，希望能向国家体委呼吁关注老武术家，说明吴云倬与张玉是上海太极拳界有影响的人物。好在张玉病情较轻，很快恢复健康，又能重新执教。

张玉、吴云倬在当年确实称得上是杨式太极拳的旗帜，论其武功技艺也当之无愧。张玉对太极拳所做的贡献巨大，他曾多次参与太极拳的编写，如编写《精简太极拳》和《太极拳运动之二》(即88式太极拳)，参与研究编写《杨式太极拳》等，他都付出心血，贡献了智慧。

1958年顾留馨正式到体育宫报到任职，便在体育宫筹建武术训练班，为选拔武术人才参加第一届全国运动会。张玉作为顾问并兼任武术组长，他在上海武术界是屈指可数的人物之一。太极推手深受广大爱好者喜欢，推手发劲应是引进落空，借力打力，讲求科学，不可弄虚作假，当时太极圈内少数人掀起一股"凌空劲"之风，张玉等老武术家即旗帜鲜明地表示反对，认为这是玄术。后由顾留馨提议并经国家体委批准，在上海体育宫开办太极拳推手训练班，由张玉任主教练并负责制定推手的各项规则。张玉的推手功夫出自杨门真传，堪称"独步上海"，当时其早期弟子王延庆(人称山东王)协助教练，为上海培养出一批太极推手的师资人才，使上海太极推手蔚然成风，独领风骚。

上海体育宫太极推手班留影(后排右一为张玉)

还不定期组织全市性的推手比赛,张玉任总裁判,使上海的太极拳活动领先于全国,张玉功不可没。

张玉又是一个对传统武术,对杨家“原装”太极拳怀有深厚感情的人,他与褚桂亭等一些老武术家坚守优秀传统文化,不肯轻易随波逐流,不肯抛弃太极拳的技击功能,去适应太极拳走养生体操路子,他们有点“不合时宜”,所以始终处于不得志状态。

杨振铎来上海时留影(前排正中间为张玉)

而有些武功不如他们的人，却能紧跟时代，将太极拳改造成太极体操、太极舞蹈，得以普及推广，因此誉满全国。当然，太极拳该如何发展，如何顺应时代的变化，其功过是非要留与后人去评说。总之，张玉为传统太极拳的传播已是鞠躬尽瘁了。

张玉中风后，虽然很快恢复了健康，但他有了一种紧迫感，他要在有生之年，将杨家真正的太极拳传播下去，所以他很认真地传授太极拳，毫无保留。他教的学员，总体水平比其他班的学员都要强许多，在体育宫中是有良好口碑的。张玉在教学中注意让黄仁良等爱徒多推手，在实践中学会懂劲，又放手让他们来执教，让他们在教学中提高。张玉还鼓励黄仁良等爱徒，虚心向顾留馨学习太极理论，让他们不仅掌握拳脚技能，而且能更注重太极理论的研究，使他们全面立体地了解太极拳。张玉大师这样博大的胸怀，造就了黄仁良等不少高徒，为太极拳的传播留下火种。

这几年，黄仁良老师在回忆总结张玉大师的教诲，努力将张玉大师传授的杨式传统太极拳精髓整理出来传播下去，他的努力一定会结出丰硕的成果。笔者借此对黄仁良老师的努力表示敬意，愿太极拳之花长久不衰。

杨式太极拳第五代传人　唐禅良
授业于杨澄甫之子杨振国
2018年8月

搬 拦 捶

掤

捋　按

双　挤

张玉拳架——白鹤亮翅

张玉拳架——挤式

张玉拳架——右抱球状

张玉拳架——左分脚过渡

张玉刀式——上步七星

张玉剑式——燕子抄水

张玉刀式——背刀下势

张玉剑式——小魁星转身前挂剑

❶ 张玉（后排中）和黄仁良（前排中）
❷ 张玉公园留影
❸ 张玉（右一）教推手
❹ 张玉（前排左一）与海灯法师（前排右一）